本書教學動作與連續 24 式示範影片

太極拳修練訣竅

給初學者24式太極拳跟練全圖解

曾乃梁、曾衛紅◎合著

晨星出版

目錄

序 4

第一章　認識太極拳

太極拳的文化含義 14

太極拳的歷史變革 17

太極拳的運動形式、特點和作用 22

第二章　太極拳基本功

「三・四」練習 36

「蹬腳」練法 50

練習太極拳基本功的注意事項 78

第三章　24 式太極拳

24 式太極拳動作名稱 ⋯⋯⋯⋯⋯⋯⋯⋯⋯⋯⋯⋯⋯ 86

24 式太極拳動作詳解 ⋯⋯⋯⋯⋯⋯⋯⋯⋯⋯⋯⋯⋯ 87

預備勢 ⋯⋯⋯⋯⋯⋯⋯⋯⋯⋯⋯⋯⋯⋯⋯⋯⋯ 87

第一段 ⋯⋯⋯⋯⋯⋯⋯⋯⋯⋯⋯⋯⋯⋯⋯⋯⋯ 87

　1. 起勢 ⋯⋯⋯⋯⋯⋯⋯⋯⋯⋯⋯⋯⋯⋯⋯ 87

　2. 野馬分鬃 ⋯⋯⋯⋯⋯⋯⋯⋯⋯⋯⋯⋯⋯ 89

　3. 白鶴亮翅 ⋯⋯⋯⋯⋯⋯⋯⋯⋯⋯⋯⋯⋯ 96

　4. 摟膝拗步 ⋯⋯⋯⋯⋯⋯⋯⋯⋯⋯⋯⋯⋯ 100

　5. 手揮琵琶 ⋯⋯⋯⋯⋯⋯⋯⋯⋯⋯⋯⋯⋯ 107

第二段 ⋯⋯⋯⋯⋯⋯⋯⋯⋯⋯⋯⋯⋯⋯⋯⋯⋯ 109

　6. 倒卷肱 ⋯⋯⋯⋯⋯⋯⋯⋯⋯⋯⋯⋯⋯⋯ 109

　7. 左攬雀尾 ⋯⋯⋯⋯⋯⋯⋯⋯⋯⋯⋯⋯⋯ 115

　8. 右攬雀尾 ⋯⋯⋯⋯⋯⋯⋯⋯⋯⋯⋯⋯⋯ 122

　9. 單鞭 ⋯⋯⋯⋯⋯⋯⋯⋯⋯⋯⋯⋯⋯⋯⋯ 127

第三段 ⋯⋯⋯⋯⋯⋯⋯⋯⋯⋯⋯⋯⋯⋯⋯⋯⋯ 131

　10. 雲手 ⋯⋯⋯⋯⋯⋯⋯⋯⋯⋯⋯⋯⋯⋯⋯ 131

　11. 單鞭 ⋯⋯⋯⋯⋯⋯⋯⋯⋯⋯⋯⋯⋯⋯⋯ 137

　12. 高探馬 ⋯⋯⋯⋯⋯⋯⋯⋯⋯⋯⋯⋯⋯⋯ 139

　13. 右蹬腳 ⋯⋯⋯⋯⋯⋯⋯⋯⋯⋯⋯⋯⋯⋯ 141

　14. 雙峰貫耳 ⋯⋯⋯⋯⋯⋯⋯⋯⋯⋯⋯⋯⋯ 144

第四段 147

 15. 轉身左蹬腳 147

 16. 左下勢獨立 150

 17. 右下勢獨立 154

 18. 左右穿梭 157

 19. 海底針 162

 20. 閃背通 164

 21. 轉身搬攔捶 166

 22. 如封似閉 171

 23. 十字手 174

 24. 收勢 177

第四章　太極拳互動教學法

講解法 180

示範法 182

領做法 184

分解法 187

正誤對比法 189

切塊提高法 191

阻力糾錯法 ……………………………………………… 193

教具引導法 ……………………………………………… 195

攻防體驗法 ……………………………………………… 197

影像分析法 ……………………………………………… 199

附錄　名家解疑

如何科學化地練習太極拳，來預防膝關節損傷？ …… 202

如何做好太極拳的「折疊轉換」？ …………………… 205

如何理解「氣遍身軀不稍滯」？ ……………………… 207

如何理解「內練一口氣」？ …………………………… 209

為什麼要劃分「競技太極」與「健身太極」？ ……… 211

如何看待太極器械的練習與作用？ …………………… 213

第一章

認識太極拳

太極拳是中華民族的國粹和國寶，是中華武術寶庫中一項極富魅力的運動，是武術百花園中的一朵奇葩。

　　2002年7月，美國《Time時代》雜誌評價太極拳是完美的運動。科學家表示，太極拳「幾乎沒有缺點，沒有任何副作用，大範圍推廣有益無害」。

　　太極拳是一種優秀傳統文化，內涵十分豐富，充滿哲理，與東方傳統醫學有著血緣關係。學練太極拳是一項很好的健身運動，可以強身健體，可以防身自衛，也可以陶冶情操，是一種美的享受，還可以為人們生活帶來無限情趣和幸福。

太極拳的文化含義

太極拳是中華民族的國粹和國寶

太極拳作為中華優秀傳統文化之一，是具有代表性的結晶，是身體文化的代表，是中華民族的國粹和國寶，也是最能體現「中華元素」的代表作，而中華優秀傳統文化是中華民族的精神命脈。

太極拳是科學的、終身的和中西合璧的運動。它既符合「動中寓靜，天人合一」的東方健身哲理，又符合西方運動醫學的最新理念。美國華盛頓大學的研究報告指出：「有益於健康的運動是靈活、輕鬆、強度小、耗能低、持續久的運動。」太極拳是溫和的有氧運動，是通暢的經絡運動。作者曾乃梁的兩個女兒都是從3歲起就學會了「抱球」、「野馬分鬃」等動作；曾乃梁的學生、福州拳友林依俤練到107歲才無疾而終，太極拳運動中確實存在著「長壽密碼」。從3歲到107歲，時間超過一個世紀，所以說太極拳是終身的運動。

太極拳運動柔和緩慢、圓活連貫、開合有序，是中華民族辯證思維與武術、氣功導引術等技巧的完美結合，集健身、修身、防身於一體，融哲學、力學、中醫學、美學和兵學於一爐，是高品位的文化拳，是高層次的身體文化表現。所以，**太極拳是用人的肢體來展示和詮釋「太極」這一哲學思想的最好載體。**

太極拳已經傳播到世界各地，成為世界人民的共同財富，更已於2020年列入聯合國教科文組織人類非物質文化遺產代表作名錄。

太極拳是世界上最完美的運動

　　2002 年 7 月美國《Time 時代》雜誌評價太極拳是完美的運動。美國科學家表示，太極拳「幾乎沒有缺點，沒有任何副作用，大範圍推廣有益無害」。2012 年 6 月，中國首位女太空人劉洋在「天宮一號」太空站上打太極拳，這是人類首次將太極拳帶入太空，證明了太極拳在健身、調心和增強平衡能力等方面，具有無與倫比的功效。有人認為，**21 世紀最受歡迎的運動，應該是休閒和娛樂運動、有氧的運動、終身的運動。太極拳符合這三點要求**，所以是名副其實的 21 世紀最受人們歡迎的運動。

　　太極拳從誕生之日起，就把健身活動和人生修為融為一體，彰顯出它的定力、張力、包容力和親和力，是最能與天地和諧的文化之一，更是東方文化瑰寶，具有的神奇魅力。它展現人的優美輕柔的形體，蘊含豐富深刻的哲理和醫理，表現出詩情畫意的意境與和諧而迷人的神韻，多少人為之傾倒。太極拳也已走進了世界各地的孔子學院，五洲四海的

太極拳講習班和教室，如雨後春筍般地發展，源於中國的太極拳已成為全球人民的共同財富。據不完全統計，全球約有一億人練習太極拳。海內外越來越多的朋友迷戀太極拳，太極拳已成為「世界性的肢體語言」，風靡全世界。

太極拳的歷史變革

太極拳名稱的由來

在追朔太極拳起源和發展時，首先要知道「太極」一詞的含義及它的由來。

在古漢語中，「太」者大也，「太」有最大、最高之意；「極」者至也，「極」是最遠、最後的界線。較早使用「太極」一詞的是《莊子》和《易傳》，**太極**是最初的本始，是一切變化的起點，也是派生萬物的本源。

《易・繫辭》曰：「一陰一陽之謂道。」宋代理學家朱熹認為：「**總天地萬物之理便是太極。**」這就是說宇宙間萬事萬物的變化均離不開陰陽，也就是離不開「太極」這個根本原理。這是從廣義上理解「太極」二字的含義。

太極陰陽學說，是古人對宇宙的辯證認識，但用「太極」來命名一種拳術，卻是三四百年前的事。太極拳早期也曾被稱為「長拳」、「綿拳」、「炮捶」、「十三勢」、「柔拳」及「軟手」等，其起源傳說不一。

有位民間武術家王宗嶽（一說是明萬曆年間人，另一說是清乾隆年間人）寫了一篇著名文章《太極拳論》，開篇就說：「**太極者，無極而生，動靜之機，陰陽之母也。**」他首次用太極陰陽學說來闡釋拳理，以太極來命名拳法。從此，「太極拳」的名稱才正式確定並沿用至今。太極拳這一運動形式充分地表達和詮釋了「太極」這個詞的深刻內涵。

還有另一種說法，太極拳名稱源於宋代周敦頤的《太極圖說》。太極拳的名稱來自「太極生陰陽，陰陽合為太極」這一原理。太極圖中的陰陽魚以黑為陰，以白為陽，黑白相依，互抱不離；同時陽中有陰，陰中有陽，相互消長，相互轉化，形成一個對立的統一體。

太極拳運動要求「處處均有一個圓」，均做弧形運動，環環相扣，處處成圓。太極拳動作自起勢至收勢，勢勢相承，動動相連，沒有斷續處，如同一個完整的圓。於是，前人就將這種圓弧運動形式的拳術，稱為「太極拳」。

太極拳運動中的動靜、剛柔、升降、虛實、開合、含展、鬆緊、徐疾等，就是陰陽法則在不同角度與方法上的運用。 古典拳論中明言「理根太極，故名太極拳」，這裡所說的「根」，指的就是華夏五千年的文化土壤。

綜上所述，以「太極拳」這個名稱來確定這一充滿哲理的拳術，比其他稱謂都更為準確和科學。

太極拳的起源和發展

關於太極拳的起源，歷來眾說紛紜，有不少傳說帶有神祕色彩。有人認為，太極拳是南北朝梁人韓拱月、程靈洗所創，也有人認為是唐朝許宣平或李道子所創，然而均找不到有力的佐證，故都難以確立。

流傳最廣的說法是太極拳為武當張三豐所創。武當山是中國道教名山，張三豐在山上練習導引、吐納和修道習劍，也是順理成章的事。由於古代武術多為口傳身授，文字記載不多，就現有史料還未查出張三豐與太極拳有直接關係。

據武術史學家唐豪先生的考證，河南溫縣陳家溝和趙堡鎮是目前已知的最早流傳太極拳的地方。有人認為，太極拳應為陳家溝陳氏一世陳卜所創，是因為陳卜精通拳械並歷代相傳，但缺乏創拳的記載。目前比較確切的資料是太極拳為明末清初陳氏第九世陳王廷所創。陳王廷晚年參考了《黃庭經》中的導引、吐納之法，吸收了戚繼光著的《紀效新書》（至今陳式太極拳的一些名稱與戚繼光所創的「三十二式長拳」仍相同），參以陰陽開合之理，並將祖傳的拳法加以融會貫通，整合改編成五套太極拳架和一套炮捶，還創編了太極刀、太極槍和沾黏連隨的太極推手及太極槍等，使陳氏太極拳發展成一個較為完整的、獨立的技術體系。這種繼承整理是了不起的創新，奠定了陳王廷作為陳氏太極拳、乃至整個太極拳鼻祖的地位。

太極拳在世代相傳中，不斷地得以完善和發展，創立了不少深受人們喜愛且風格獨特的流派。得陳長興所傳，楊露禪創「楊式太極拳」；得楊露禪之傳，吳全佑創「吳式太極拳」；得陳有本新架之傳，陳清萍創「趙堡架太極拳」；得楊露禪、陳清萍之傳，武禹襄創「武氏太極拳」；得武派之傳，李亦佘創「李式太極拳」；得李派之傳，郝為真

創「郝式太極拳」；得郝派之傳，孫祿堂創「孫式太極拳」。

特別值得一提的是，楊露禪拜陳長興為師後，將所學的太極拳帶回原籍河北永年，不久再帶到北京，為適應清代貴族和平民各階層健身、修身的需求，大膽地將陳氏太極拳加以改造，去掉跳躍、跌叉和震腳、發勁等難度較大的動作，改為以舒緩、大方、輕柔、沉穩的風格，自成一派，即「楊式太極拳」。這是一個了不起的貢獻，代表著太極拳從長期局限於鄉村到走向城市、走向全國，也代表著太極拳從重攻防技擊轉向健身與防身並重。這是太極拳發展史上的一次革命。

20世紀中葉，太極拳運動迎來了百花齊放、繁花似錦的春天，進入全面普及與發展的嶄新時代。1956年2月，中國國家體委運動司武術科創編了《簡化太極拳》（後稱「24式太極拳」）。著名武術家李天驥先生主編的這套拳，大膽將原有108式、85式的套路架式，刪繁就簡，以「楊式太極拳」為基礎，進行綜合創新，使太極拳的動作規範、鍛鍊部位更全面，布局合理，方法科學，解決了民眾習拳時，經常碰上難學、難記、難練的問題。該套路一公布就受到廣大太極拳愛好者的喜愛，很快地傳播至海內外，數十年來歷久不衰，至今仍是全球太極拳愛好者的必修套路。**「24式太極拳」的誕生與推廣，是太極拳發展史上具有里程碑意義的貢獻。**

太極拳和其他武術項目一樣成為學校體育教材，城鄉隨處可見太極拳拳友。1958年，中國公布首部《武術競賽規則》中，就有太極拳比賽的評分標準。全國性的太極拳競賽活動，吸引更多的人投身其中。與太極拳有關科學研究和理論探討不斷深入，各類太極拳書籍、影音產品等種類繁多，中國武術運動管理中心和中國武術協會組織有關專家及知名學者，遵循傳統性、科學性、系統性的原則，在繼承的基礎上，創編許多規範套路，進一步掀起群眾打太極拳的熱潮。如今，太極拳已經傳

遍全世界，僅日本就有百萬人參加太極拳修練，中國和美國把太極拳作為訓練太空人的科目之一。古老的東方體育的瑰寶，在全世界散發出耀眼的光芒。

值得大書特書的是，太極拳步入了亞洲綜合性運動會和世界競技武術的殿堂。1990年，第11屆亞運會在北京舉行，包括太極拳在內的中國武術首次被列為正式比賽項目。1991年，北京舉辦了第一屆世界武術錦標賽，太極拳和其他武術項目一樣，以嶄新的姿態加入其中。之後的亞運會和世錦賽，大都有太極拳這一項目。筆者認為，太極拳完成了兩個「昇華」：一是從傳統的、古老的體育向科學的、現代的競技體育昇華；二是從中國的體育項目晉升為國際的體育項目的昇華。這是太極拳運動水準提高和推向世界的新里程碑。

太極拳還進入武術段位制的行列，這項制度更激發民眾練習太極拳的熱情。太極拳運動已經進入全面推廣、繁榮發展的黃金時代。

太極拳的運動形式、特點和作用

太極拳的運動形式

太極拳運動包括**功法**、**套路練習**、**推手對練**及**集體演練**等四種形式。

❶ **功法練習**，也稱基礎練習，包括各種手型、手法、步型、步法、腿法、身法、平衡和組合練習等，**以各種基本功、基本動作為主要內容，是提高太極拳的基本技能**。這也包括由幾節動作組成的太極功法，如「太極養生功十三勢」、「六手太極功」等。

❷ **套路練習**是目前太極拳運動的主要形式，以單練為主。**套路是由一定數量的動作按固定的程序銜接組成，包括起勢、收勢在內的一種運動形式**。這包括徒手練習套路和器械練習套路。當前流行最廣的是徒手套路就是普及版的「24式太極拳」和進階版的「42式太極拳」。器械套路有普及版的「32式太極劍」和進階版的「42式太極劍」，還有太極刀、太極槍、太極扇、太極桿、太極球及太極雙珠等。除了綜合式之外，還有楊式、陳式、吳式、武式、孫式等風格獨特的套路形式。單練形式的多樣性，能吸引不同愛好的拳友練習。

❸ **推手對練**是兩個人按照沾黏連隨、

不丟不頂的原則進行的徒手練習，以提高借力化力、以柔制剛的攻防技巧。其主要內容包括基礎練習，如單推手、雙推手、定步推手、活步推手和大捋等多種形式，也包括按固定順序編排而成的推手對練套路。

經常練習推手對練，可以有效地訓練聽勁、化勁和發勁，提高皮膚的觸覺靈敏度，提高反應能力和維持身體平衡的能力。

除了徒手對練外，還有太極器械對練，如太極對劍、太極對扇等。近年來，太極拳械對練不僅成為表演項目，而且被中國武術運動管理中心列為競賽項目，大力地推動了太極對練運動的發展。

❹ **集體演練**，一般為 6 人或 6 人以上，變換隊形以形成不同圖案。這種集體練習，配以悅耳的樂曲，每個人可以做同樣的動作，也可以做不同的動作，形成協調優美的畫面，具有很強的觀賞性，深受拳友的喜愛。這種集體演練通常用於表演，有的也會成為比賽項目。

太極拳的運動形式

太極拳運動是柔和緩慢、圓活連貫、意動勢隨的一種拳術。它不僅有肢體的動作，更著重體鬆、心靜、調息、用意。把柔美的形體、和順的勁道、流暢的呼吸以及意念誘導下感情的抒發，統一起來，達到「形、勁、氣、意」的高度融合，以形成內外合一、形神合一和天人合一的「三合一」境界，達到人與天地自然和諧的最高境界。**具體地說，也可以用「柔緩、鬆靜、圓活、用意」八個字來概括。**

❶ **柔緩**。太極拳動作要求柔和緩慢、中正大方，「邁步如貓行，運勁如抽絲」。「貓行」的特點是輕、靈、穩。用貓的行走比喻太極拳的步法十分貼切，拳友們常說要多走走「貓步」，就是要**由點及面、由虛及實，體現出輕靈與沉穩**。「抽絲」的特色是輕、勻、細。若重重地抽絲，則勢必把絲抽斷。所以，一是要輕，二是要勻，三是要細，才能把「絲」抽好。因此，用「抽絲」來形容太極拳的手法與力道也是相當貼切的。不能片面理解「柔」字，應該做到**柔而不軟，鬆而不懈，柔帶韌勁，柔中藏剛**。拳友自我練拳時，要適當慢練。健康長壽慢中求，鬆柔螺旋不停留。烏龜行動慢，但是壽命長。太極拳正是從仿生學方面，模擬烏龜的靜中有動、動中有靜的姿態。練習太極拳，就是要做到行雲流水、春蠶吐絲、悠然自得、從容和順。

❷ **鬆靜**。「鬆」和「靜」是練好太極拳的基本修養。「鬆」就是體鬆，要求全身肌肉、關節都要節節放鬆，不該用力的肌肉、韌帶更要鬆開，不能僵硬、緊繃。而且，**精神上也要鬆**。「靜」就是安靜，要求心理安靜，專一練功，不能心猿意馬。在這裡「鬆」和「靜」會相互促進，鬆能促進靜，靜也利於更放鬆。打太極拳時，能排除雜念，做到萬慮俱拋、氣定神閒地專心練功，才能更好地提高練習的效果。

❸ **圓活**。太極拳運動要求處處都是圓。太極拳動作大多走弧形或螺旋形，其實「弧」也是「圓」。在建築學上，弧形的線條比直線能負擔更大的重量。「動作走弧形」在攻防上還有十分重要的意義，便於**邊化邊發**。拳術動作中有大圓、小圓、橢圓、扁圓、弧形、螺旋，環環相扣，一環套一環，這也是遵循古人所主張的「取象於天」的觀點。

圓的含義在於建立「順乎自然」之理。在拳法的運用上，大圓要求四肢開展，能夠「氣貫指梢，飽滿圓撐」。小圓則體現在轉動靈活、變化敏捷上。而要做到圓活，必須強調「主宰於腰」，在古典拳論《十三勢歌》中開篇就寫明：「十三總勢莫輕視，命意源頭在腰隙。」其後還強調「刻刻留心在腰間」。這就要求**腰為中軸，帶動四肢**，在腰的帶動下，節節貫串、上下相隨、完整協調、圓潤和順。

❹ **用意**。古典拳論中說：「心為令，氣為旗；神為主帥，身為驅使。」練功時，要「先在心，後在身」。這些都突出了意念的主導作用，就是要用意念引導動作，用意念引導呼吸。一方面要虛領頂勁，做到「神貫頂」，精神向上領；另一方面則要「氣沉丹田」，意念使人體氣血及能量聚於小腹，再暢流全身。**意上領，氣下沉，這也符合陰陽相反相成的原理**。

太極拳是一項動靜結合的運動。俗話說「動以養身，靜以養心」，因為其鬆靜、柔緩、圓活，所以能動中有靜、靜中有動、動靜相兼、身心並練，達到「外示安逸，內固精神」的目的。

在歷史的長河中，太極拳的技術風格不斷演變，內容不斷豐富，逐漸形成了風格各異的諸多流派。目前就中國而言，主要有六大流派。

❶ **楊式太極拳**：楊露禪所創。楊露禪，名福魁，河北永年人。他在陳式太極拳的基礎上，進行大膽的改革，刪掉原有的縱跳、發勁與震腳、跌叉等難度較大的動作，創編成中正安舒、舒展大方的拳架，經三代至楊澄甫定型為大架子，再經李天驥、傅鐘文（其子傅聲遠，其孫傅清泉）、楊振鐸等人的總結與發展，形成當今的獨特風格，該式太極拳目前流傳的最為廣泛。其主要特點可概括為**舒展樸實，中正大方；飽滿圓撐，渾厚沉穩**。

❷ **陳式太極拳**：陳卜所創，由陳氏九世陳王廷創編成獨立體系，為各流派中、傳播最為悠久的太極拳。該式拳仍保留纏繞、跳躍、震腳和發勁、跌叉等動作，運動量較大；之後經過陳長興、陳鑫、陳發科、李經梧、顧留馨、馮志強、陳小旺、陳正雷和王西安等人的總結與整理，形成十分獨特的風格。該式拳在推手方面，也以纏繞黏隨為主，有許多獨到之處。該式拳主要特點可概括為**纏繞折疊，鬆活彈抖，快慢相間，蓄發互變**。

❸ **吳式太極拳**：滿族人吳全佑所創。吳全佑得楊露禪和楊班侯之傳，創編了以「柔化」著稱的吳式太極拳，後傳其子鑒泉。鑒泉自小從漢族，改姓吳，又名愛坤。吳鑒泉在創拳中突出輕柔、細膩、連綿的風格，在拳架上強調「斜中寓正」和「川字步型」，自成一體。後來，王茂齋、楊禹廷、王培生、吳英華及李秉慈等人都對該式拳進行了總結與發展，形成如今的拳架，其主要特點為**輕柔細膩，緊湊舒伸；川字步型，斜中寓正**。

❹ **孫式太極拳**：清末河北完縣人孫祿堂所創。孫祿堂在武式太極拳的基礎上，師從郝為真學太極拳，師從李魁恒、郭雲深學形意拳，師

從程廷華學八卦拳，然後將「太極、形意、八卦」三種拳種巧妙地融為一體，創孫式太極拳。他傳女兒孫劍雲，逐步形成以「開合」和「活步」為獨特風格的拳式，故有人將孫式太極拳稱為「開合活步太極拳」。該式拳主要特點可概括為**開合相接，小巧靈活；進步必跟，退步必撤。**

❺ **武式太極拳**：武禹襄所創。武禹襄，名河清，清末河北永年縣人，為清秀才。他師從楊露禪，學陳式老架；後師從陳清萍，學陳式新架，經精煉與融合，創武式太極拳；後傳其外甥李亦畬，再由郝氏三代承襲，至郝月如定架。該式拳步幅較小，架式較高，尤其適合年長及體弱者練習。該拳架出手不超過腳尖，收手不緊貼於身，左右臂各管半個身體而互不逾越。該式拳主要特點為**起承開合，簡潔緊湊，立身中正，步小架高。**

❻ **綜合太極拳**：也稱新式或新派太極拳，主要指新中國成立後創編的各種太極拳套路。首先是中國國家體委運動司於1956年公布的簡化太極拳（又稱「24式太極拳」），該拳由武術名家李天驥主編，現已成為全球流行最廣的一套太極拳。隨後，由門惠豐、李德印和王新午主編的48式太極拳及修訂的楊式88式太極拳，均以中國國家體委名義公布推廣。

為了規範太極拳運動開展競技活動的需要，1988年中國國家體委組織了《四式太極拳競賽套路》編寫組和審定組，以武林泰斗張文廣教授為組長，編制了楊、陳、吳、孫四式太極拳競賽套路，隨後增加了武式太極拳競賽套路。

為了亞運會和世界比賽的需要，1989年國家體委召集了門惠豐、李德印等太極拳名家，創編了太極拳競賽套路（也稱「42式太極拳」），於1991年召集張繼修、李秉慈、曾乃梁和闞桂香等專家，創編了太極劍競賽套路（也稱「42式太極劍」）。

這些套路的誕生和推廣，促進了太極拳運動的擴大普及和發展。近年來出現的各流派的太極劍、太極刀、太極扇、太極桿和太極推手對練套路等，更全面地豐富和完善了太極拳運動體系。

太極拳的作用與功效

21世紀，人類追求的是更高的生活品質。運動和醫學的最終目的是維護人的健康，有些國家提出了「健康壽命」的新概念。「健康壽命」就是人們能夠不依賴別人幫助、能獨立地自理生活的壽命，有品質地、有尊嚴地活著。從一定意義上說，生命的本質在於平衡，追求動靜之間的和諧相處；從養生的角度看，練習太極拳追求的就是協調、和諧與平衡。太極拳是能促進人體全面健康的運動體系。太極拳可以避免外界邪氣對人產生干擾，透過真氣的積累，為維護身體健康注入更多的正能量。太極拳能提升生命品質，無論在健身與養生方面的功效，都很完美、顯著。

• 挑戰「三大殺手」的有效武器

癌症、心血管疾病和腦血管疾病被稱為「三大殺手」，是奪走人們健康與生命的三大主要疾病，而太極拳被視為是「三大殺手」的強大勁敵。首先，如果人體內某些細胞長期生活在缺氧的環境中，就容易發生癌變，而**太極拳運動要求加深呼吸，做到「深、長、勻、細」，能使體內細胞處於氧氣充足的狀態，從根本上發揮防癌的作用**。所以，練習太極拳是有效的防癌手段之一。

其次，在練習太極拳時，要求思想高度入靜，強調「鬆」、「靜」和「用意」。打拳時，意念引導氣通、血通，保持動脈血管的彈性和血

流的暢通。所以，有人把太極拳比喻為「動脈血管的保護神」。**太極拳的螺旋動作和弧形路線可以對血管和淋巴管發揮良好的物理按摩作用，改善血管的彈性**。血管的彈性增強了，就能有效地預防動脈硬化和高血壓，達到保護心臟及預防心血管疾病的作用。同時，「鬆靜」和「用意」使大腦的微血管大量開放，有人估計血流量可增加30%，能確保大腦組織的供血和健康。因此，太極拳也被譽為「大腦皮層的體操」。太極拳不僅是文明儒雅的有氧運動，還能安全地控制「三高」，對防治高血壓、糖尿病、高血脂症、肥胖症和習慣性便祕等，均有良好的作用。

• 屬於有氧代謝、低強度的運動，符合養生的原則

近代科學家分析，劇烈運動如短距離的賽跑、舉重、競技游泳等，都容易造成無氧代謝，使大腦及五臟六腑常處於缺氧狀態。反觀太極拳似行雲流水、春蠶吐絲的鬆、圓、緩的運動，屬有氧代謝，各個內臟器官都能得到充分的氧氣供給。

太極拳的慢動作，帶動了慢呼吸，伴隨著深、長、勻、細的腹式呼吸，「氣沉丹田」。橫膈膜上下鼓動起落，加強了橫膈肌運動。肺活量增大，促進了胸腔和腹腔的血液循環，增強了腸胃的消化功能。因為我們的腹腔內存在有大量的神經叢，也稱「腹腦」，對內臟也有調節的功能。古代的養生學家認為「呼氣入臍，壽與天齊」，因為年長者容易氣血上浮，容易摔跤，**習拳時能氣沉丹田，正是與氣血上浮相對抗，也就是與衰老對抗**。

中醫認為：「意到則氣到，氣到則血行，血行則病不生。」有人做過研究，平時每平方毫米肌肉只有5條左右微血管有血液流過，而在練太極拳時，通過「意」、「氣」的運行，每平方毫米肌肉則約有200條微血管會打開使用。氣血一通，營養足以濡養五臟六腑，開啟身體的

修復功能，就能預防和輔助治療各種慢性病，因為氣順則血暢，氣順血暢則百病消。

• 幫助增強腰腿力量，提高平衡能力

練習太極拳注重「腰為中軸」，以腰來帶動四肢動作，能加強骨骼和肌肉的新陳代謝，並且增強柔韌性、協調性和力量。**太極拳通常在半蹲位下進行**，強調「渾元樁」、「弓步樁」等樁功訓練，**進而有效地訓練腿部的肌肉，增強筋骨韌帶的力量，提高關節的靈活度，使下盤穩固**。俗話說「人老腿先衰」，太極拳運動能使下肢穩健、靈活，本身就是延緩衰老的方法。

根據世界衛生組織指出，身體活動不足已成為影響全球死亡率的第四大危險因子，「吃」和「動」不平衡，能量的攝入大於消耗，引發肥胖和許多慢性病。運動專家倡議以「微運動」幫助上班族在有限的時間和空間裡活動。太極拳功法及簡易套路，正是一種「微運動」。太極拳還能幫助人體排除垃圾，保持體態優美。

太極拳練習中還有許多單腿支撐的動作，如「金雞獨立」、「退步跨虎」和分腳、蹬腳、拍腳等，**能有效地增強下肢的控制力和平衡能力**。美國科學家研究得出「太極拳能有效地防止年長者摔跤」的結論，也支持了太極拳能提高人體平衡力的論點。

• 促進心理健康，是防治「心理感冒」的一劑良藥

練習太極拳要求鬆柔圓活，排除雜念，做到意守、氣斂、神舒，追求「虛」、「無」的意境，能使人樂觀開朗、心境平和、淨化大腦、淨化精神，促使人體自身的和諧，進而增加人與自然、與社會的和諧關係，提升心理健康。

在現代社會快速發展的背景下，緊張、忙碌、競爭激烈、節奏加快的生活使人們精神壓力陡增，失眠頭痛、情緒低落、精力不足、易怒、焦慮等情況，困擾著人們正常的工作和生活。在諸多心理問題中，**憂鬱是最為常見的，其以顯著而持久的心境低落為主要臨床特徵**，如同身體感冒一樣，憂鬱也被稱之為「心理感冒」，又稱為「沉默的殺手」。太極拳圓活流暢的動作，似天空行雲，似潺潺流動的溪水。若能自由自在地、無拘無束地練習太極拳，可以開發大腦潛能，**使大腦產生舒鬆愉悅的電波，從而對「心因性」疾病有疏導與輔助治療的作用。**

練習太極拳，不僅是修練身體的外形，同時要修練人的精神。**太極精神是培育虛懷若谷、恬淡無為的心理，其主要內核是「包容」**，包容他人的某些缺點和不足。太極精神還強調自信與和諧，修練高尚的精神世界。只有不斷地加深對太極精神的感悟，才能使太極拳成為你一生結緣的健康朋友。

太極拳不僅可以獨自一人練習，也可以數人或幾十人同練。集體練拳，廣交朋友，以拳會友，除了交流拳藝之外，還可以溝通情感，互相傾訴彼此的興趣、願望、動力、壓力、苦惱等，體驗關懷與被關懷的心境。所以，這也是有些年長者克服孤獨和自我封閉的一劑良方。

• 以柔克剛的高超技巧，防身自衛

我們經常會遇到一些拳友會問：太極拳動作那麼柔、那麼慢，在防身方面能用得上嗎？在這裡我們可以告訴拳友：不僅用得上，而且很好用。太極拳的柔，不是柔弱無力，而是**柔中帶剛，以柔化力，柔中借力、發力**。

《太極拳十三勢歌訣》中講明：「靜中能動動猶靜，因敵變化示神奇。」攻防中，在「引進落空」之後，接著後發制人，體現「蓄勁如張弓，發勁似放箭」。在環弧圓形的變轉中，找準時機發勁。以最短的時間、最快的速度、最集中的勁力，達到最佳的攻防技擊效果。太極拳推手表現的是陰柔之美、儒雅之美，可謂風格獨特，構成一道亮麗的風景線。

要掌握好「沾黏連隨、不丟不頂」的技巧，除了單練外，還要練習兩人推手。在有禮、安全的推手對練中，相互體會**先化後打**和**邊化邊攻**的高超的攻防技能。推手時，先用「聽勁」。「聽」，實際上是用皮膚的觸覺來感知對方力量的大小和方向，以便**「化而後發」**，經常兩人推上手，悠然自得，妙趣橫生，還能增強防身自衛的技能。

太極拳在攻防技擊方面，還吸取了孫子兵法中「形圓不敗」的思想。孫子曾從圓形來考慮兵力的部署，有種被稱為「山蛇陣」的陣法，敵方攻我時，我「擊其首則尾至，擊其尾則首至，擊其中則首尾俱至」。太極拳推手也吸取了這一原則，**無處不有虛，無處不有實**，虛虛實實，「以圓破直」，變幻莫測。

在這裡要強調，掌握太極拳的攻防技擊技能，純粹是為了防身自衛，而不是主動去攻擊別人。武術的「武」字就是止戈為武，首先你要有強「戈」，才有能力「止戈」。

「三・四」練習法

「三・四」練習法就是將太極拳基本功分為三大類，即**椿功練習，上、中、下盤練習，發勁練習**；每類有四種形式的練習方法。

椿功

椿功是一種靜站的練習方法，是太極拳基本功中下肢練習的重要內容。所謂「椿」，原指建造房子時，夯實地基的打椿，**這裡用來比喻要練就穩固的下盤**。練功諺語中也有「百練不如一站」的說法，充分說明站椿的重要性。

太極拳可說是非常「接地氣」的運動。從宏觀上看，它是連接中華傳統文化的根。從微觀上看，是「椿功」透過全身的鬆、沉與地面相接，透過腳部將「氣」滲透到地下，像樹根一樣向廣度和深度擴展延伸。但是也有人擔心，站椿練久了，膝關節容易損傷，會練到關節痛。其實正好相反。只要正確地練習椿功，不僅不會損傷關節，**股四頭肌等肌群力量的增強，反而能達到保護關節的作用**。

練椿功時，每一次站椿時間不要太長，15～30秒為一組；練一組後休息一兩分鐘再練，共站3～5組為宜，這叫「練活椿」。練椿功時，同時要注意練屈伸、繞環活動。只要把椿功練好，對培養體力、定力及意志力都十分有益。

1・渾元樁

動　　作　兩腳開立、與肩同寬，兩腳屈膝半蹲；兩臂屈肘，環抱於胸前，掌心向內，指尖相對，兩手指間距約為 10 公分，兩手五指微屈分開、掌心微合、虎口成弧形。靜站 15～30 秒為 1 組，每組間休息片刻，共站 3 組。

動作要點　頭正頸立，下頜內收，舌抵上顎；沉肩墜肘，鬆腕舒指；含胸拔背，圓襠開胯，收腹斂臀，命門穴處後撐（在背部與肚臍相對的為命門穴），使肩、背、臂、手構成一個呈內合之形、含外開之勁的圓，略帶掤勁，同時保持身體的中正安舒，保持精神的內守。

作　　用　一是增強腿部肌肉力量。二是使脊椎減少自然的彎曲度，近乎兩點一線，便於氣沉丹田，氣血通暢。三是入靜，排除雜念，使意識進入舒適、寧靜的境界。總之，力求做到空、圓、鬆、靜、通，達到調身、調息、調心的作用。

常見錯誤　挺胸塌腰，難以氣沉丹田。

修正方法　一是教師手掌按住學生背部的命門穴，提示學生命門後撐去「頂」教師的手；二是架子稍高些，也可先微蹲站樁。

圓襠開胯

2・弓步樁

動　　作　前腿屈膝前弓，大腿斜向地面，膝與腳尖基本垂直，腳尖正朝前，後腿自然伸直，腳尖內扣斜向前方45～60度。兩腳均全腳著地，兩腳間橫向距離為10～20公分。靜站15～30秒為1組，每組間休息片刻，共站3組，左右腿交替練習。

動作要點　頭正項豎，下頜內收，舌抵上顎；沉肩墜肘，立腰斂臀，兩腿有對撐之勁；同時保持身體的中正安舒，目視前方。

常見錯誤　一是前腿前弓不夠或前弓過度，膝關節超過腳尖；二是上身前傾造成凸臀。

修正方法　一是教師可用長尺垂直地面立住，並貼近學生的膝與腳尖，提示學生注意膝蓋對準腳尖；二是口頭提示學生，要上身正直，略加斂臀。

膝蓋對準腳尖

3・虛步樁

動　　作　後腿全腳著地，腳尖斜朝前，後腿屈膝半蹲，大腿斜向地面（高於水平），腳跟與臀部基本垂直；前腿稍屈，用腳跟或前腳掌點地，兩腳間橫向距離約 10 公分。靜站 5～10 秒為 1 組，每組休息片刻，共站 3 組，左右腿交替進行。

動作要點　頭正項豎，下頜內收，舌抵上顎；沉肩墜肘，含胸拔背，立腰斂臀，圓襠開胯；兩條腿承載力為 8：2，即後腿為 8 分、前腿為 2 分。保持身體的中正安舒，目視前方。

常見錯誤　虛實不分，重心過多地移向前腿；另一種則相反，重心過多地移向後腿，兩腿承載力比例變成 9：1，如同長拳一樣。

修正方法　教師口頭提示，學生應該按 8：2 比例來安排重心。

承載力為前腿 2：後腿 8

4・半馬步樁

動　　作　前腳正朝前,後腳橫往外,兩腳相距2～3腳長,全腳著地,兩腿屈膝半蹲,大腿高於水平,重心在兩腿中間、略偏於後腿。靜站15～30秒為1組,每組間休息片刻,共站3組,左右腿交替進行。

動作要點　與弓步樁要點相同。

常見錯誤　後腿膝關節內扣,或重心略偏前。

修正方法　教師口頭提示學員,後腿膝關節要略外展,形成兩腿有對撐之勁。另外,提示重心略偏後腿,由後腿蹬地往前催力。

後腿膝蓋略外展

上、中、下盤練習

這是在太極拳基本功從上、中、下盤練習內容中，提取個別動作來組成的練習。

上盤練習也稱為上肢動作練習。我們提取了「分靠式」和「摟推式」這兩個動作，也就是太極拳基本手部動作的「野馬分鬃」和「摟膝拗步」，目的是讓初學者能夠從中理解和體驗到**太極拳上肢動作走弧形的運行路線**，同時還可從中理解和體驗運行過程中較柔，落點定勢略剛的運行法則，俗稱「運柔落剛」，或稱「運行柔，落點剛」。

中盤練習也可稱為軀幹動作練習，重點是處理好胸腹和腰部的動作。我們提取了「胸腹含展」這個動作，目的是讓初學者能夠理解和體驗**太極拳動作在軀幹部分的虛實陰陽變化**。初學者剛開始學習太極拳動作時，注意力往往集中在手部和腿部的要領，忽略了身法上的變化。要是挺著胸部打拳，很難領悟身法中的虛實陰陽變化，「胸腹含展」能讓學生感悟身法，理解和體驗身法與手法、步法配合的協調一致。

下盤練習也可稱為下肢動作練習。我們提取了「弧形進退」這個動作，目的是讓初學者能夠從中理解和體驗到**太極拳下肢動作處處走弧形的運行軌跡**。太極拳運動在實際運轉中多走弧形和曲線，這樣就避免了動作直來直往和轉死彎、拐直角的生硬現象，做到轉動自如、變換圓活、輕靈順遂。

1・分靠式

動　作　從兩腳開立、右抱球開始,左掌往右斜上方,右掌往左斜下方分開。分掌後,左掌停於身前,與頭同高；右掌下按停於胯旁,兩臂微屈成弧形,靜止3～5秒。此為左分掌。右分掌動作相同,僅方向相反。該招式為「野馬分鬃」動作的上肢動作。

動作要點　分掌時,手要力達上臂和肩部,體現出「靠勁」。接近定勢時要略帶沉勁,目隨分靠手而動,後定於前方。

兩臂微屈呈弧形

2・摟推式

動　作　從兩腳開立、右手往後側舉臂、左手置於右肘側開始，隨上身左轉，左掌經腹前摟按於左胯旁，右掌經右耳側往前推出。定勢時，掌心朝前，指尖往上，指高不過眉、低不過肩，臂微屈成弧形，靜止3～5秒。此為右推掌。左推掌動作相同，僅方向相反。該招式為「摟膝拗步」的上肢動作。

動作要點　手掌由斜往前推至前方定勢時，掌心朝前，要走弧形軌跡，鬆肩墜肘。定點時，沉腕舒指，著力點在掌根和掌側，整個臂要做到「曲中求直」。摟掌與推掌要協調配合，目視前方。

沉腕舒指

3・弧形進退

動作 一腿屈膝半蹲，全腳著地；另一腿屈收其內側，前腳掌輕點支撐腳內側約 10 公分處，成丁步；隨即劃弧上前一步，腳後跟著地成虛步。接著，重心略前移，經半馬步過渡成弓步，隨後右腳弧形後退，過渡成虛步。丁步、虛步、半馬步、弓步各靜站 3～5 秒，左右腿交替進行。

4・胸腹含展

動　作　從虛步、含胸、兩臂前伸開始，靜止3～5秒。隨即重心前移，前腿伸直，後腳跟提起，略展胸，靜止3～5秒。共練3組，左右腿交替練習。

後腳跟提起

發勁練習

有些年輕的朋友一接觸到太極拳,就嫌它太柔、太慢,覺得打起來沒勁。甚至有人認為,等到退休了再學太極拳吧!這些人把太極拳定位為「慢拳、柔拳、老人拳」。他們殊不知,陳式太極拳和傳統的楊式太極拳都有一些彈抖發勁的動作,也有「快」和「剛」的一面。

太極拳特點,本來就不是全柔、全軟,而是「柔中寓剛」。也就是說,**鬆柔中蘊藏有剛的一面**。我們在太極拳基本功中,加入彈抖發勁的內容,作為一種嘗試,意在讓拳友瞭解和體驗太極拳「剛」的一面,吸引更多年輕的朋友,特別是男性,能盡早地跨入太極拳的大門。

學生們普遍反映,練以下四個發勁動作「很帶勁,練幾組就能微微出汗,很過癮」。發勁練習還能讓拳友們直觀地理解太極拳的攻防技擊原理。當然,「剛」發勁,是引進門;進了門之後,要跟「柔」結合起來。變換速度、節奏的發勁,與鬆柔緩慢的用意,同時結合好好地運氣,做到剛柔相濟,才能更好地發揮太極拳調身、調心、調息的健身作用。

1・發勁分鬃式

動　　作　「發勁分鬃式」即發勁的「野馬分鬃」,可以先嘗試原地做,再上步連續做。動作過程與「分靠式」相同。唯一區別的是,動作接近定勢時,要突然蹬腿轉腰;同時,上肢「靠」和「按」,也要發彈抖勁。無論採取何種方法練,都要遵循「柔中存剛」的原則,要轉腰、靠臂,發出「寸勁」。(動作照片參考頁 42 的「分靠式」)

動作要點　「抱球」時,蓄勁;「分鬃」時,發勁。要彈抖發勁,用上短促的爆發力,體現出上下相隨的整勁、彈抖勁。

2・發勁摟推式

動　作　「發勁摟推式」即發勁的「摟膝拗步」，可以先原地做，再上步連續做。動作要點和要點與「摟推式」相同。唯一區別的是，動作接近定勢時，要突然蹬腿、轉腰、摟推，發出「寸勁」。（動作照片參考頁43的「摟推式」）

動作要點　「屈肘」時，含胸、蓄勁；「摟推」時，展胸、發勁。要用上短促的爆發力，運用好上下相隨的整勁、彈抖勁。

3・衝捶連發式

動作 1　右腳外撇震腳，右手握拳向右搬壓，拳心朝上。同時，左手往前上方劃弧攔出，掌心斜向前，左腳收於右腳內側。隨即，左腳往前邁步並屈膝前弓，右腳跟步成半弓狀態。同時，右拳邊內旋，邊向前用力衝出，拳眼朝上，高與胸平，左手附於右前臂內側。目視前方。

右手拳心朝上　→　左手掌心斜向前　→　右拳眼朝上

| 動作 2 | 右腳退後半步，左腳也隨之後撤半步，左手從右腕下往前伸出。右拳變掌，兩手掌心外旋，翻掌分開回收，同時重心移至右腿，左前腳掌點地，目隨右手而動。

重心移至右腿

| 動作 3 | 左腳往前進半步，全腳掌著地，左腿前弓，右腳也跟進半步，向前催力。兩手同時翻掌向下，經腹前向上、向前合力推出，腕同胸平。目視前方。

立腕，目視前方

動作要點 震腳、搬拳、擊拳、合推掌，均要運用寸勁發力，體現出彈抖勁，並要上下相隨，用好整勁。

4・發勁錯臂式

動　作　左腳上半步成左半馬步,重心略偏右腿;從右臂握拳上舉於右肩前、左臂握拳置於左腹前開始,重心略左移,右臂邊外旋,邊下砸至右腹前。同時,左臂邊外旋,邊上提至左胸前,力達左右兩小手臂,形成兩臂對錯的力量。接近定勢時,略蹬腿、轉腰,發出「寸勁」,即短促爆發力。目視前下方。隨即,右腳上半步成右半馬步,做「錯臂式」,僅動作相反。

動作要點　錯臂發勁時,要上下相隨,彈抖發出整勁,也可稱為「冷彈勁」。下砸錯拳時配以呼氣。

右臂下砸

左臂上提

目視前下方

「蹬腳」練法

不少拳友問：「我的腿為什麼老舉不高？」還有的拳友說：「我踢腿都能踢得很高，但一做『蹬腳』就掉下來，這是為什麼？」

「蹬腳」做不好，應該要在腿部和腹部上面找原因，一種可能是腿部「筋」短了，另一種可能是腹部沒力量。那麼，應該如何進行腿、腹的練習呢？

首先，說說腿。腿舉不高，可能是腿部後側的「筋」短了。「筋」是一層薄薄的組織，是連接肌肉和關節的肌腱、韌帶和腱膜。「筋」本身有一定的彈性，而且布滿全身。隨著年齡的增長，「筋」也會習慣性地縮短，彈性減弱，這就是平時常說的「筋縮」。有些年長者會有彎腰駝背的情形，都是由筋縮引起的。所以，**我們要經常地拉筋，提高「筋」的柔韌性和靈活性**。

練習太極拳時，下肢的負荷量很大，因此增強下肢的柔韌性是十分重要的，具有以下作用：

❶ 防止關節僵硬、退化。加大動作幅度，舒展大方，腿舉高了，動作更有美感，也增加穩定性。

❷ 增強力量、協調性和靈活性，提高表現力。

❸ 增強「筋」的彈性，防止練習中的運動損傷。

❹ 促進「筋」充分伸展，幫助血液循環，排毒潤膚。

❺ 減少因久坐而產生的亞健康問題，放鬆心情，緩解工作壓力。

❻ 每天拉筋 20～30 分鐘，有利於人們延緩衰老、健康長壽。

腿功「六字訣」

• 測試下肢的柔韌性

　　練習腿部柔韌性之前，最好先測試腿部「筋」的狀態，然後再根據實際情況，確立下一個進階的目標。

1・坐姿體前屈測試法

　　動　作　地上鋪一軟墊，測試者坐墊子上，兩腿伸直，不屈膝，上身盡量前傾，兩手努力觸摸腳尖，此為測試前的準備姿勢。

測試前標準姿勢。

柔韧性差 手指摸不到脚尖。

柔韧性及格 手指能摸到脚尖。

柔韌性良好 手指超過腳尖。

柔韌性優秀 整個手掌超過腳尖。

2·平臥抱腿測試法

動　作　地上鋪一軟墊，測試者平躺墊上並伸直兩腿，然後兩手抱住進行測試的一條腿，大腿垂直地面，此為測試前的準備姿勢。

測試前標準姿勢。

45°

柔韌性差　小腿與地面垂直線夾角約 45 度。

柔韌性及格 小腿與地面垂直線夾角在 20 度之內。

柔韌性良好 小腿幾乎垂直地面。

柔韌性優秀 大腿和小腿成一條直線,而且與地面垂直,甚至靠近頭部。

以上兩項測試結果,可作為練習腿功前的初始指標。接著,可以循序漸進地做伸展腿筋的練習。同時,每階段都要做測試來確認自己的改善程度。

• 腿功「六字訣」的內容

腿功包括提高腿部柔韌性、靈活性和加強肌肉控制能力兩個方面，歸納起來有六個字：**壓、搬、耗、踢、劈、控**。

1・壓腿

壓腿（包括向下壓振），主要伸展大腿後側的膕旁肌等肌腱，包括**立姿壓腿、坐姿壓腿、坐墊壓腿**等三種。

> ◆ **立姿壓腿**：可直接壓腿，也可借助彈力帶壓腿。

① **正壓**：面對肋木架或一定高度的物體，左腿支撐，右腿腳跟置其上，腳尖勾起，兩手扶按膝上或抓握支架；膝關節和腰背均挺直，向下壓振，然後靜止 10～30 秒，**此為耗腿**。共練 3 組，然後換腳練習。

膝、腰、背均挺直

② **側壓**：上身側對肋木架或一定高度物體，其他要領均與正壓同。共練 3 組，然後換腳練習。

向下壓振

③ **後壓**：背對肋木架或一定高度物體，右腿支撐，左腿往後舉起，腳背擱在肋木架上，腳面繃平，上身後屈並做壓振動作。共練 2 組，然後換腳練習。

腳面繃平

④ **立姿半蹲式壓**：立姿，一腿半蹲，一腿伸直，上身前傾約 45 度，其他要領與正壓腿同。也可借助彈力帶或毛巾上拉壓提。共練 3 組，然後換腳練習。

上身前傾 45 度

⑤ **立姿展胯壓**：右腿屈膝橫搭在桌上，上身前傾，胸部往大腿靠攏，使臀部、胯部有繃緊的感覺，靜止 10～20 秒。共練 2 組，然後換腳練習。

上身前傾

⑥ **小腿腓腸肌壓**：兩腳一前一後弓步站立，伸展的腿跟膝關節往後伸直，腳後跟緊貼地面，腳尖朝前，身體下壓。立姿壓腿均要求挺胸、塌腰、收腹。共練 2 組，然後換腳練習。

挺胸、塌腰、收腹

◆ **坐姿壓腿**：坐椅上壓腿，膝關節和腰背都要挺直，伸展大腿後側筋肉，並往下振壓後，靜止 10～30 秒。此為耗腿。共練 3 組，左右腿交替進行。

也可用彈力帶或毛巾包住腳掌和腳趾，兩手適度用力往上拉伸。

＊注意：若使用毛巾助力，最好選棉質佳、厚實、觸感好和耐牽拉的運動毛巾。

膝關節要挺直

◆ **坐墊壓腿**：坐在墊上，一腿彎曲，另一腿向一側伸直並用力往下壓振。也可用毛巾或彈力帶套住腳底，逐漸用力拉毛巾，上身略前傾，靜止 10～20 秒後再回位。共練 3～5 組，然後換腳練習。

可用毛巾或彈力帶輔助

① **單腿展胯壓**：一腿伸直，另一腿屈膝，胯關節外展，以同側手用力往下壓振。

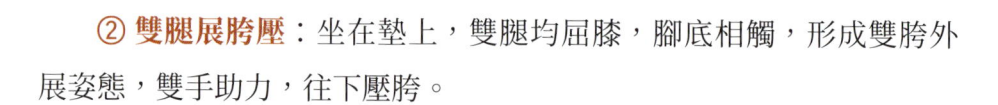

② **雙腿展胯壓**：坐在墊上，雙腿均屈膝，腳底相觸，形成雙胯外展姿態，雙手助力，往下壓胯。

腳底相觸

2·搬腿

搬腿包括**正搬、側搬、後搬**和**撕胯（開腿）**等四種。

◆ **正搬腿**：立姿，練習者的頭部後側、肩、臀和腳跟均靠牆或肋木架，另一腿抬起，由師友托住腳後跟，往上振搬。

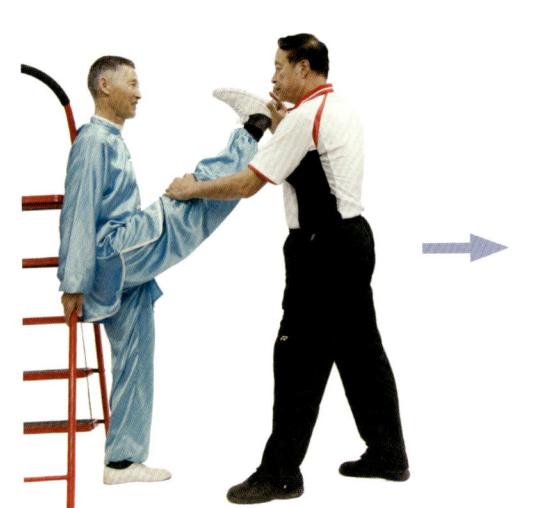

背、臀、腳跟須靠肋木架

◆ **側搬腿**：動作要點與正搬腿相同，不同的是由師友托住腳後跟，往側上搬。共練2～3組，然後換腳練習。

◆ **後搬腿**：立姿，兩手扶肋木架或一定高度的物體，一腿直立支撐，另一腿往後抬起，由師友托住腳面和膝蓋，往上振搬。振搬時，上身略後仰。共練 2～3 組，然後換腳練習。

上身略往後仰

◆ **撕胯（開腿）**：立姿，左手扶肋木架或一定高度的物體，左腿直立支撐，右腿屈膝提起，右手抱住右小腿，用力往右側撕展，再還原。一開一合為 1 組，共練 2～3 組，然後換腿練習。

往側面展開

3・耗腿

在正、側壓腿，包括立姿、坐姿或正、側、後搬腿時，都可以邊壓邊振、邊搬邊振。壓、搬腿到有適度伸展感或疼痛感時，可靜止不動10～20秒。若集體練習時，可在統一指令下按照節拍進行。

耗腿之後可以鬆開休息5～10秒，再進行壓或搬腿練習。「一壓一耗」或「一搬一耗」為1組，練2～3組，這樣能更好地提高腿部的柔韌性。

4・踢腿

俗話說「打拳不溜腿，到老冒失鬼」，「溜腿」就是指踢腿。踢腿是腿部基本功訓練的主要內容之一，腿部的柔韌度和靈活度，集中地以踢腿的形式呈現。踢腿的方法有**直擺性**和**屈伸性**兩種。

◆ **擺動性腿法**：擺動性腿法包括**正踢腿、斜踢腿、側踢腿、裡合腿、外擺腿**及**扶杆側擺腿**等。下面僅介紹正踢腿、側踢腿、側擺腿這三種。

① **正踢腿**：兩腳並立，兩臂側平舉外撐，立掌或握拳；左腳往前半步，左腿支撐，右腳腳尖勾起往前額處猛踢，兩眼平視前方。左右腿交替進行。每腿各踢20～30次。要求挺胸，立腰，腳尖勾起繃落或勾起勾落。能夠踢過腰後，可稍微加快速度，有寸勁更好。

往前額方向踢

②**側踢腿**：動作要點與正踢腿相同，不同的是往側上方踢起。左右腿交替進行。要求挺胸、立腰、側身、開胯、猛收腹。

往側上方踢

③**側擺腿**：雙手扶肋木架，一腿支撐，一腿開胯往側上方擺踢，過腰後發力。左右腿交替進行。

往側上方擺踢

◆ **屈伸性腿法**：屈伸性腿法包括**彈腿、分腳、蹬腿、蹬腳**。

① **彈腿**：兩腳並立，兩手插腰，左腿直立支撐，右腿屈膝提起；大腿與腰平，右腳繃直，提膝接近或高於水平時，猛力挺膝，往前平踢，力達腳面；大腿與小腿成一直線，高與腰平，兩眼平視前方。左右腿交替進行，每腿各做彈腿20～30次。要求挺胸、立腰、腳面繃直，收胯。彈擊要有寸勁，體現爆發力。

腿高與腰平，腳面繃直

② **分腳**：動作與彈腿相同，但不用爆發力，而是要柔緩地進行。

③ **蹬腿**：動作與彈腿相同，不同的是腳尖勾起，力點達於腳跟，要有爆發力（如下圖）。

蹬腿時，腳尖勾起

④ **蹬腳**：長拳練習中稱為「蹬腿」，而太極拳練習中稱為「蹬腳」，動作與蹬腿相同，但不用爆發力，而要柔緩地進行。

5・劈腿

① **豎劈**：兩手左右扶地或兩臂側平舉，兩腿前後分開成直線；右腿後側著地，腳尖勾起；左腿的內側或前側著地。左右腿交替練習。要求挺胸、立腰、沉胯、挺膝。

② **橫劈**：動作要點同豎劈，不同的是兩腿左右分開，內側著地。

6・控腿

控腿練習對於舉高腿、並在一定高度上停穩來說，非常重要，能提高腿部肌肉、韌帶的控制力

① **屈膝控**：壓腿或搬腿後，把被壓或被搬的腿屈膝抱在胸前，然後鬆開雙手，盡量保持原屈膝姿勢，保持不動，靜止 5～10 秒。左右腿交替進行。

保持不動至少 5 秒

② **直腿控**：壓腿或搬腿後，把被壓或被搬的腿懸空停住，或慢慢地鬆開雙手，若腿下降一些高度，那就從低點控起。師友可以用手托住被壓的大腿後側，稍微提供一點助力。練一段時間後，再完全放開。

懸空停住

③ **臥姿控**：平臥在軟墊上，舉起一條腿，然後用彈力帶或毛巾包住腳掌和腳趾，兩手適度用力往頭部拉伸，略有疼痛感時，「耗」住，再放掉彈力帶或毛巾，盡量保持原伸直姿勢，保持不動，靜止 5～10 秒。左右腿交替進行。

往頭部方向拉伸舉起的腿

●練習腿法的注意事項

❶ 練習前，要熱身

平常我們的關節、肌肉多處於僵硬、緊繃狀態，所以要在腿法練習前做些慢跑、關節操等準備動作，讓身體動起來、熱起來，血液循環快起來。如果能微微出點汗、再進行腿法練習則更好，尤其在寒冷的天氣裡，更要有足夠的熱身，才能避免運動損傷。

❷ 動靜交替，效果更佳

邊壓邊振，邊搬邊振。「振」就是「動」態的練法，踢、擺腿也屬「動」。而壓、搬後的「耗」，就屬「靜」態的練法，「劈」和「控」也可列為「靜」的範疇。

靜的練法，有利於把筋肉拉開、伸展、拔長；而動的練法，則利於增加筋肉的彈性。二者交替進行，就能有效地提高肌肉、韌帶和腱膜的柔韌性、靈活度和靈敏反應。

❸ 掌握尺度，循序漸進

在壓、搬、踢、擺的力道上和定位高度上，都要循序漸進，因人而異。男性和女性在筋腱、韌帶方面也有區別：女性較鬆，容易伸展開；男性較緊，不易拉開。助壓或助搬時，用力要柔和，不可用猛力、爆發力，更要掌握尺度，以略有痠痛感為度。

如進行多組練習，則第一組一定要格外謹慎，搬、助壓的力度宜小一些，等到伸展開了，再逐漸加力。劈腿時，先用手扶地，逐步下劈。練習中，如有燒灼感或刺痛感就是用力過猛，可能會導致拉傷，應該馬上暫停練習，拍打按摩，幫助放鬆。

❹ 配合拍打按摩，猶如錦上添花

針對筋肉緊繃的情況，運用一些揉捏、抖動等按摩的手法來放鬆，特別是僵硬處，可改以握拳或掌面有節奏的叩擊、拍打，有利於增強筋肉的柔韌性。

❺ 特殊情況不宜伸展

不宜進行伸展練習的情況，如遇扭傷或拉傷引起急性發炎，有明顯紅腫熱痛；或者骨折後康復，但未達醫生要求；曾經脫臼，不能做容易導致關節脫臼的伸展動作；腰椎間盤突出尚未康復，仍有神經壓迫的徵兆；伸展部位出現刺痛感或放射性痛感等。

俗話說「一寸長，一寸強」、「人老腿先老」，重視腿功不僅有助於做好太極拳練習中的「蹬腳」動作，而且還有助於血液循環和新陳代謝，有利於健康，因為柔軟的筋肉是健康的關鍵。

腹功「三字訣」

有些拳友也會問：「腿舉不高跟腹肌有關係嗎？」回答是肯定的。即使腿部柔韌性和控制力提高了，但缺乏強有力的腹肌來「吊起腿」，還是難舉高腿，也難站穩。下面介紹幾種增強腹肌的練習方法，總結為三字訣：**捲、收、撐**。

1・仰臥捲腹

仰臥在瑜伽墊上，下背部緊貼墊子，雙腿彎曲成 90 度，雙腳踩地。雙手交叉放在頭部後側，兩臂張開，上身逐步抬起，使腹部肌肉收縮，胸口往上、往前移動至最高點，靜止 5～10 秒，再緩慢降低上身至起始位置。一起一落為 1 組，共練習 3～5 組。上身往上時，吸氣；往下時，呼氣；下背部要緊貼墊子。捲腹「停耗」時，腹部肌肉維持繃緊，來增強腹直肌。

腹部肌肉要繃緊

2・仰臥屈膝收腹

　　仰臥在瑜伽墊上，下背部緊貼墊子，兩手手心朝下、平放於臀部兩側，隨即兩腿併攏伸直抬離地面，靜止3～5秒（如下圖一）。

　　接著，再收縮腹部肌肉，屈膝使大腿盡量靠近胸部，靜止3～5秒，再緩慢回到起始位置（如下圖二）。一屈一伸為1組，共練習3～5組。要求與仰臥捲腹相同。

兩腿併攏伸直

圖一

屈膝，大腿靠近胸部

圖二

3・「V」形收腹

仰臥在瑜伽墊上，臀部為支點，上身和雙腿均抬離地面，成「V」形，靜止3～5秒，再緩慢回到起始位置（如下圖三）。初學者可用彈力帶或毛巾輔助（如下圖四、五）。一起一落為1組，共練習3～5組。

雙手平舉，幫助平衡

圖三

圖四

臀部為支點

圖五

4・平板支撐

　　平板支撐也稱棒式支撐。俯臥，以肘關節和腳趾支撐身體，小手臂緊貼地面，大手臂與地面垂直，使胸、腹、腿均懸空，頭、肩、臀、腳保持一條直線，收緊腹部，靜止 10～30 秒，再緩慢平俯休息還原。一撐一落為 1 組，共練習 3～5 組。

　　撐地時，腹部肌肉要始終繃緊，避免塌腰和臀部上翹，可以鍛鍊腹橫肌。同時，務必要保持均勻呼吸。

避免塌腰和臀部上翹

「蹬腳」舉高、站穩的訣竅

前面提到練好腿功的「六字訣」，以及增強腹肌力量的「三字訣」，是「蹬腳」舉高、站穩的主要方法。同時，還有一個竅門是不可少的，就是做好 **「托氣」**（吸氣後、短暫屏息的呼吸方法），固定胸部，臂腿對撐，練習方法有以下三種。

1・高虛步對撐

兩臂對撐，再交叉抱於胸前，右掌在外，隨即兩臂邊內旋，邊向外推出至兩掌側外撐，力達掌側，兩臂夾角不超過135度，同時右腳前伸成高虛步。共練3組後，換腳練習。分掌時，吸氣；定勢時，**輕屏住氣上托，即「托氣」**。這有助於固定胸廓，增強穩定性和平衡力。

右腳為高虛步

2・提膝對撐

　　動作要點與「高虛步對撐」的兩臂對撐相同，但將「高虛步」改為「提膝」。這個動作除了要求兩臂要對撐外，更強調上下異側對撐，即右腿與左臂對撐，左腿與右臂對撐。異側臂腿對撐，對維持平衡十分重要。**提膝應逐步升高，因為提膝的高低將影響蹬腳的高度。**

兩臂對撐

3・蹬腳對撐

　　動作要點與「提膝對撐」相同，僅將「提膝」改為「蹬腳」。許多拳友為了做好「蹬腳」動作，注意力偏重於腿腳功夫，而輕視了腹肌的鍛鍊，更忽略了呼吸與兩臂動作的配合，甚至腳舉至最高點時，仍配以吸氣或呼氣，或者兩臂彎曲，沒有達到對撐穩定的作用，所以站不穩。

定勢時，要托氣

總而言之，讓「蹬腳」能舉高、站穩的訣竅，應該從下、中、上三個方面下功夫，這就是練好腿功、加強腹肌和托氣對撐。當然，這三方面的比重是不一樣的。

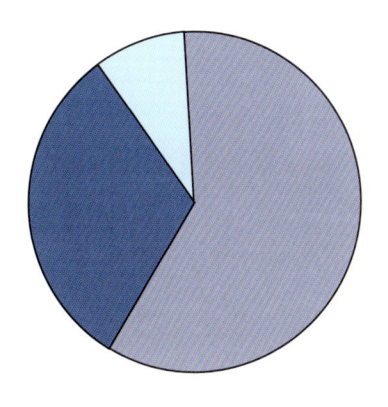

■ 腿功「六字訣」，占 60%
■ 腹功「三字訣」，占 30%
□ 托氣對撐，占 10%

在練習中，一定要注意循序漸進。同時，注意「練好腿功」、「加強腹肌」與「托氣對撐」要同步練習，協調配合，相輔相成，才能取得更好的效果。還可以將「蹬腳」的相關練習，抽出來單練幾組。

經常訓練舉高、站穩，在比賽和表演時，「蹬腳」的動作就會做得更高、更穩、更漂亮和更精采。

練習太極拳基本功的注意事項

• 注重鬆、靜、柔，力求透空

❶ 鬆

　　初學者首先應該注重「鬆」，「鬆」是在腦子裡產生意念：**全身肌肉、關節都要放鬆**，不可用拙力、僵力。這在四肢方面較容易做到，比較難的是胸、腰。不能挺胸、塌腰，而要含胸、拔背，也有叫做「空胸」、「圓背」。胸能空，背部自然活圓，似龜背。同時要鬆腰、斂臀，向全身透空的目標用功，意在放長身體四肢來鬆開全身。

　　筆者在太極拳數十年的教學、訓練中，發現不少人——尤其是女性，做太極拳動作時，挺胸、塌腰，違背了「鬆」、「空」的要求。修正的辦法是：**站「渾元樁」，讓其命門穴後頂；多練「胸腹含展」**，體驗人體軀幹部分的陰陽互變。除了由教師來修正學生的錯誤動作之外，學生要透過反覆練習，掌握正確要領，並舉一反三。

❷ 靜

　　「靜」的要求就是排除雜念，專一練功。練拳時排除一切內外干擾，要從「預備式」開始，排除雜念，萬慮皆拋，萬念皆消，專心練功。**只有靜，才能用意不用力**，真正做到拳論中所說的「一舉動，周身俱要輕靈」。

❸ 柔

「柔」，即柔和。每次練太極拳時，都要想著把僵硬勁化為柔軟勁，要在慢動作中體驗節節柔軟並連貫起來的感覺。**只有在鬆中求柔，才能練出柔中寓剛的勁道，在鬆開的動作中使肢體產生彈性，形成掤勁。**這種「彈簧勁」就是太極拳所要求的「剛」，正如拳譜中所說的：「常求拳軟之於外，久之自得堅剛之於內。」太極拳名宿祝大彤曾說：「將鬆柔作為太極拳的拳魂」、「沒有鬆柔就沒有太極拳，沒有鬆柔就不是太極拳……而且是鬆在其中，虛在其中，玄在其中，空在其中，樂在其中。」這話是很有道理的。

• 作為準備活動練，也可單獨練

太極拳的基本功是按照由簡到繁、由易到難、循序漸進的原則編排，是練好太極拳的必修課，需要天天練習。一般在活動關節之後，就可以結合正課以及與正課密切相關的基本功來練習。這樣既練了基礎的功夫，又為完成正課做了必要的準備和銜接。

有時候為了加強某些環節，也可以將基本功作為整堂課的內容來單獨練習。這樣能夠反覆地練，琢磨著練，再加上如果有教師指導，則更能提高練功的質與量。

練習方式以集體練較為常見，當然也可以單獨練，兩種練習方法各有優勢。集體練，學生之間可以相互觀摩，氣氛也好，能彼此互相督促，搭配音樂來練更能提高練拳時的興致。單獨練，便於排除雜念「入靜」，以意識引導動作、呼吸，有助於「悟」拳理，體驗鬆、靜、柔、通，培育虛靜透空、恬淡無欲的心理，在體悟拳理的過程中，體悟人生。

• 知「三節」，明「六合」

從形態學的角度講，人體可以劃分為幾個環節，這也就是太極拳傳統所闡述的「**三節**」與「**六合**」說。

❶ 三節

《太極拳》論中說：「起於腳，發於腿，主宰於腰，形於手指。」這句話意思是：力量的源泉都「起於腳」，腳蹬地，給「地」一個作用力，「地」就有一個反作用力，由腳傳遞到腿、到腰，最後達於手。這可以說是一個「大三節」的概念，即**足為根節，軀幹為中節，手為梢節**。

從腳開始起於腳，問地要力，「腳（踝）—膝—胯—腰—肩—肘—手（腕）」則是力量傳遞的七個環節。從「小三節」來說，**上肢肩為根節，肘為中節，手為梢節；下肢胯為根節，膝為中節，足為梢節**。

❷ 六合

「六合」是在太極拳運動形態學上的另一基本要求，由「外三合」和「內三合」組成。**外三合指的是手與足合，肘與膝合，肩與胯合**。這個「合」，主要是指在一個平面上的相合、相對，而不能必然地理解為上、下相對。如「單鞭」動作，推掌的手與前弓腿的腳，就是在一個平面上的相合。又如「摟膝拗步」動作，推出的掌與後伸的腿，也是在一個平面上的相合。

「內三合」指的是心與意合，意與氣合，氣與力合。太極拳的運動特點是以意識引導動作和呼吸，即「以意導動，以意導氣」。這就是說，要在大腦神經系統的統一指揮下，對生命過程的動態變化發揮控制作用，強調用意識指揮肌肉運動，並對人體經絡產生刺激。同時，意識指

揮呼吸，使體內的「氣」調動、聚集、充實並順暢起來，做到意氣相隨，意到氣到，氣到則勁到。所以，「外三合」必須與「內三合」緊密聯繫、共生共存、相輔相成，就是「六合」。

知「三節」與明「六合」，是在太極拳基礎練習中以及日後在套路練習中，都應該遵循的原理。如此一來，人體在太極拳運動中猶如一個沿弧形旋轉的球體，形成「形、勁、意、氣」的統一體。

•「老年版」和「助眠版」太極功的區別

前面在介紹發勁練習時，著重於「年輕版」的太極拳，它講求節奏變化，快慢相間和彈抖發勁，加大運動量，較適合年輕人的身體素質。

❶ 老年版太極拳

「老年版」太極拳的特點是架式高一些，步幅小一些。孫式太極拳的進跟退撤、開合活步，就比較適合年長者練習。練 24 式、42 式、楊式、陳式、吳式或武式等，都可以採取高架式、不發勁、慢速的方式來練，重要的是輕輕鬆鬆地、無拘無束地、自由自在地練習太極拳，甚至不求多麼規範、準確，只求鬆靜自然、虛空寧靜。

❷ 助眠版太極拳

「助眠版」太極拳是配以柔美輕緩的樂曲，練習者微閉雙眼，放鬆意識，鬆弛神經，物我兩忘，做自己喜歡的幾個動作，再按摩相關的安神穴位，能幫助提高睡眠質量，恢復體力。

筆者通常在晚上睡前隨音樂慢慢地練習「雲手」、孫式的「懶扎衣」和自編的「鴛鴦戲水」等，約 20 分鐘，然後按摩四個穴位，即**湧泉穴**、

神門穴、**內關穴**和**勞宮穴**，雙手、雙腳各按摩 50 次。下面簡單介紹這四個穴位。

① **湧泉**：捲足，足底前 1/3 處有凹陷，按壓有痠痛感即是。此穴為長壽穴之一，常搓揉有補腎降壓的效果。不僅能安神補腎水，而且能增強人體免疫力。

② **神門**：手腕橫紋，靠小指那側的凹陷處即是。此穴為安神固本的要穴，常按摩有鎮靜安神、補益心氣、解心鬱結、舒暢神志的作用。

③ **內關**：從手腕橫紋向下量三橫指，兩條索狀筋之間即是。此穴有「心神衛士」的美譽，是人體養生大穴，常按摩有助於防治心臟病，能除心煩，平衡陰陽。

④ **勞宮**：握拳屈指，中指指尖所指拳心處，按壓有痠痛感即是。此穴是治療心痛的主要穴位之一，常按摩有緩解精神煩躁、鎮靜安神、健腦益智的功效。

第二章　太極拳基本功

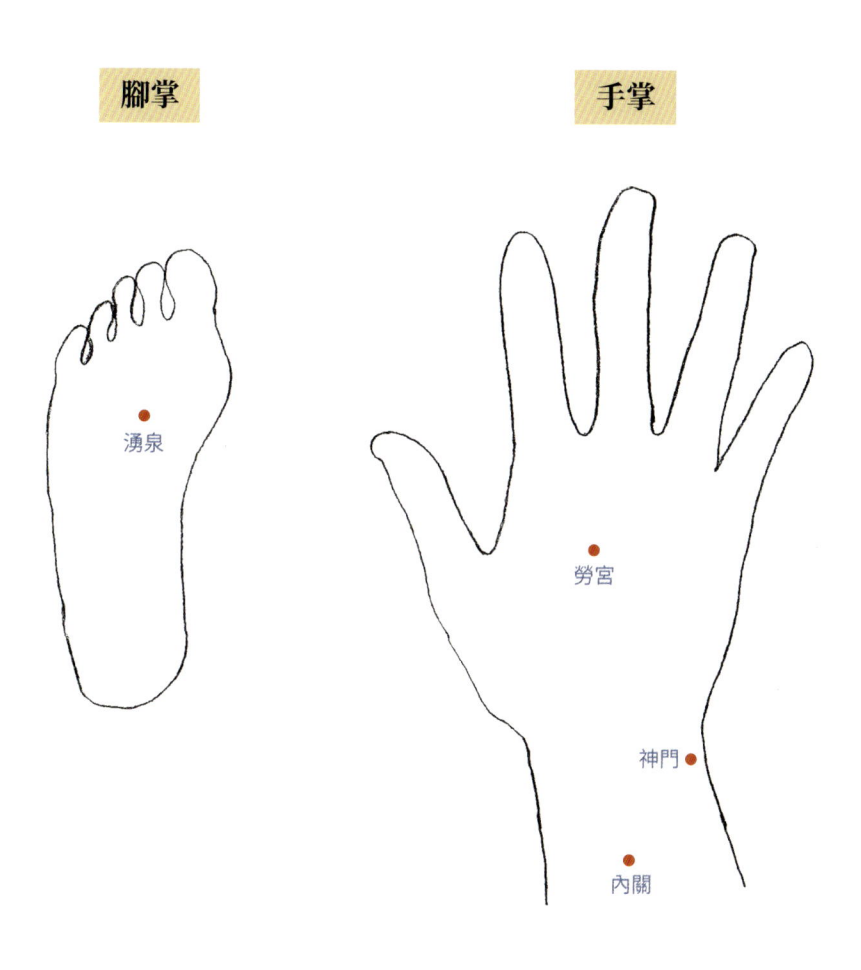

腳掌　　　　　手掌

湧泉

勞宮

神門

內關

搭配「助眠版」太極拳的四個穴位。

第三章

24式太極拳

24式太極拳也稱為「簡化太極拳」，是全世界普及最廣的拳種。這套拳是在傳統太極拳的基礎上，去掉重複的內容，刪繁就簡，由淺入深，使內容簡明、易學易練，便於普及。

　　自1956年中國國家體委公布至今，約有100多個國家和地區、超過一億人學練過這套拳，練習人數之多，流傳地域之廣，都是其他拳種無法比擬的，也是絕無僅有的。

　　24式太極拳使古老的太極拳真正跟上時代的步伐，使太極拳真正走進尋常百姓家，在武術史上具有里程碑的意義。

24式太極拳動作名稱

	預備勢

第一段	1・起勢　　　2・野馬分鬃　　3・白鶴亮翅 4・摟膝拗步　5・手揮琵琶
第二段	6・倒卷肱　　7・左攬雀尾　　8・右攬雀尾 9・單鞭
第三段	10・雲手　　　11・單鞭　　　12・高探馬 13・右蹬腳　　14・雙峰貫耳
第四段	15・轉身左蹬腳　16・左下勢獨立 17・右下勢獨立　18・左右穿梭　　19・海底針 20・閃通背　　　21・轉身搬攔捶 22・如封似閉　　23・十字手　　　24・收勢

24式太極拳動作詳解

預備勢

身體自然直立,兩腳併攏,頭頸正直,微收下額,舌抵上顎。兩手輕貼大腿兩側。排除雜念,凝神靜氣,目視前方。(圖1)

圖1

第一段

1·起勢

動作 左腳向左分開,兩腳平行開立,與肩同寬。兩臂慢慢往前平舉,兩手與肩同高、同寬,手心朝下。兩腿屈膝下蹲,同時兩掌輕輕下按,兩肘下垂與兩膝相對。目視前方。(圖2、3、4)

圖2

動作要點 舉臂時，以手帶肘，以肘帶肩；下按時，以肩帶肘，以肘帶手，如按著漂在水面上的木板。運行中，始終**立身中正，沉肩墜肘，鬆腰斂臀**。

攻防含義 第一，當對方抓按住我方兩小手臂或手腕時，我方則隨重心前移，兩臂向前掤起，使對方失去平衡。第二，當對方向前對我方擠靠時，我方則順勢略轉身下按，使對方失去重心前撲。

掌心朝下

圖3　　　　　　　　　　　　圖4

2・野馬分鬃

動作 1　上身先微向左轉、再右轉，身體重心移至右腿上。同時，右臂收於胸前，平屈墜肘，手心朝下，左手經身體前向下劃弧置於右手下方，掌心朝上，兩手掌心相對成抱球狀；左腳同時收至右腿內側，前腳掌點地。目隨右手。（圖5、6）

掌心相對成抱球狀

圖5　　　　　　　　　　圖6

動作 2

上身微向左轉，左腳往左前方劃弧邁出，由腳跟著地過渡到全腳著地。重心鬆沉，兩腿彎曲成半馬步狀，右腳跟後蹬，右腿自然伸直成左弓步。同時，上身繼續左轉，兩手隨之分別向左上、右下分開，左手高與眼平，掌心斜往上，肘微屈；右手按落於右胯旁，指尖朝前。目隨左手。（圖7、8、9）

圖7

腿部彎曲成半馬步

圖8

指尖朝前，目隨左手

圖9

第三章　24 式太極拳

動作 3

上身後坐，重心移向右腿，左腳尖翹起；隨即左腳外撇約 45 度，再全腳著地。隨上身左轉，左腿屈膝前弓。同時，左臂內旋，左手翻掌，掌心朝下，平屈於左胸前，沉肩墜肘，右手往左上劃弧於腹前，兩手掌心相對成抱球狀，右腳同時收至左腿內側，前腳掌點地。目隨左手。（圖 10、11、12）

左腳尖翹起

圖 10

左手掌心朝下

圖 11

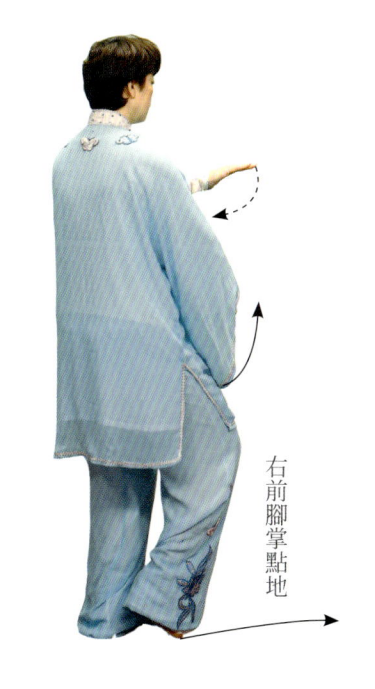

右前腳掌點地

圖 12

91

動作 4　上身微向右轉，轉腰坐胯，右腳往右前方劃弧邁出，由腳跟著地過渡到全腳著地。重心鬆沉，兩腿彎曲成半馬步狀，左腳跟後蹬，左腿自然伸直成右弓步。同時，上身繼續右轉，兩手隨之分別向右上、左下分開，右手高與眼平，掌心斜往上，肘微屈；左手按落於左胯旁，指尖朝前。目隨右手。（圖13、14、15）

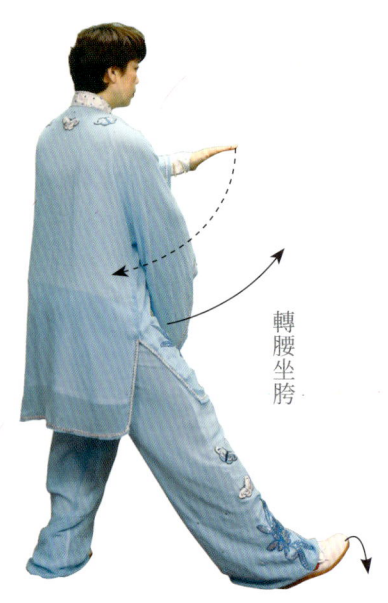

轉腰坐胯

圖 13

全腳著地

圖 14

目隨右手

圖 15

第三章　24式太極拳

動作 5

與**動作** 3 相同，僅左右相反。（圖 16、17、18）

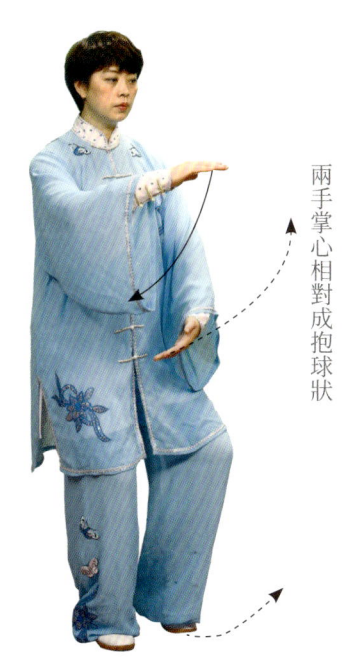

右腳外撇約45度

圖 16

右掌平屈於右胸前

圖 17

兩手掌心相對成抱球狀

圖 18

93

動作 6

與**動作** 2 相同。（圖 19、20、21）

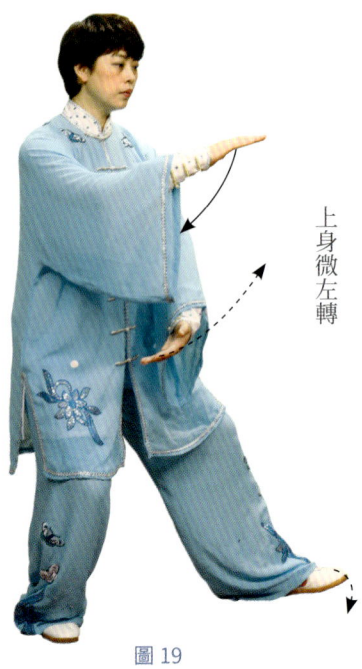

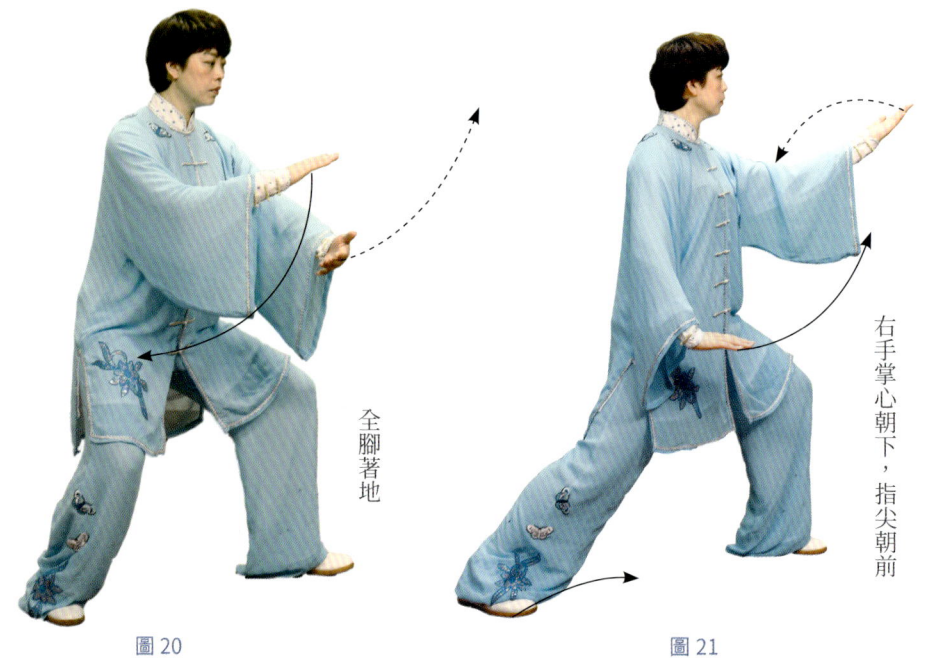

上身微左轉

圖 19

全腳著地

圖 20

右手掌心朝下，指尖朝前

圖 21

動作要點　第一，要防止弓步兩腳橫向一條線，可分三步走來修正。一是轉腰沉胯，二是劃弧出腳，三要沉胯碾腳。兩腳橫向距離為10～30公分。第二，分靠著力點在肩和大手臂後部，不能「靠」、「掤」不分（如圖22）。教師可用手檢查其勁道是否正確（如圖23）。

❌ 錯誤動作

圖22

圖23

攻防含義　第一，「抱球」是當對方出拳進攻時，我方一手抓握其腕部，另一手按壓其肘部，反關節擒拿；若對方頂抗，我方則反方向擒拿之。第二，當對方出拳進攻時，我方一手抓握其腕部，然後上步卡其大腿，另一手插其腕下，向其無支撐方向，以肩和大手臂後部分靠擊之，使其失去重心。若對方頂抗，我方則反方向靠擊之，使對方跌倒。

3・白鶴亮翅

動作 1　上身微往左轉，左手邊內旋，邊翻轉斜往下，左臂平屈左胸前，沉肩墜肘。右手邊外旋，邊往左上劃弧，掌心斜往上，與左手掌心斜相對，同時以腰帶腿，右腳跟進半步，前腳掌著地。目隨左手。（圖24、25）

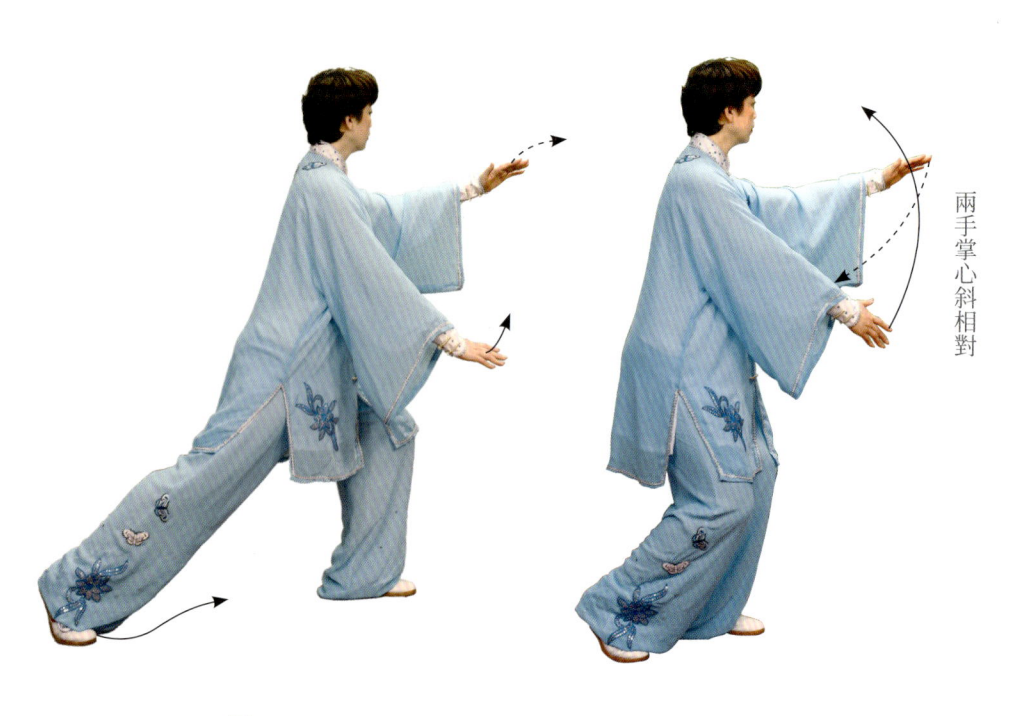

兩手掌心斜相對

圖24　　　　　　　　　　圖25

第三章 24式太極拳

動作 2 右腳踏實，重心後移至右腿，轉腰坐胯，上身右轉。同時，右手往右上方劃弧領起，左手先略隨右臂、再微向左拉開。目隨右手。（圖26）

動作 3 上身左轉，面朝前方，左腳稍向前移，前腳掌著地成左虛步。同時，兩手隨轉身往右上、左下分開，右手上提，停於右額前，掌心朝左斜後方，左手按落於左胯側前方，指尖朝前。目平視前方。（圖27）

轉腰坐胯

圖26

側面

成左虛步

正面

左手掌心朝下，指尖朝前

圖27

97

動作要點 此動作為典型的「左顧右盼中定」，處處要注重「以腰為軸」。初學者往往忽視「左顧」這個要領，這就需要教師用手勢和口頭加以引導。（圖 28、29、30）

圖 28

圖 29

圖 30

攻防含義 當對方擊右拳向我方進攻時,我方則以左手擒其右腕,隨即上右步置於其右腿側後方,右手劃弧往左前方、卡其右上臂,向我方的右後方挑挒,用的是「挒」勁,使對方失去重心向前撲倒。

4・摟膝拗步

動作 1 上身先微向左、再向右轉，以腰帶手，隨著右手從身體前方、由下往右後上方劃弧至右肩後約 30 度，靠近手與耳同高，掌心斜往上。左手從左下往上、往右劃弧至右胸前，掌心斜往下。同時，上身先微向左、再向右轉，左腳同時收至右腿內側，前腳掌點地。目隨右手。（圖 31、32、33）

圖 31

圖 32

目隨右手

左前腳掌點地

圖 33

第三章 24式太極拳

動作 2　上身左轉，左腳劃弧邁出、前弓成左弓步，由腳跟著地過渡到全腳著地；重心鬆沉，兩腿彎曲成半馬步狀，前腿弓後腿蹬成左弓步。同時，右手屈回由耳側弧形往前推出，高與鼻平；左手同時經腹前向下、由左膝上摟過、按落於左胯旁，指尖朝前。目隨右手。（圖34、35、36）

圖34

成半馬步

圖35

右掌前推，高與鼻平

圖36

動作 3 右腿屈膝後坐，身體重心移至右腿，左腳尖翹起並外撇約 45 度；隨即上身左轉，全腳踏實，左腿屈膝前弓，以腰帶腳，右腳收到左腿內側，前腳掌點地。同時，左手往外翻掌，由左下往左後上方劃弧至左肩後約 30 度，手與耳同高，掌心斜往上。右手隨轉身邊外旋，邊往上、往左劃弧至左胸前，掌心斜朝下。目隨左手。（圖 37、38、39）

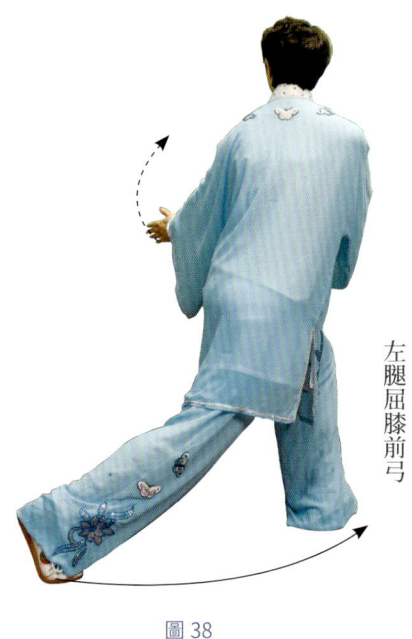

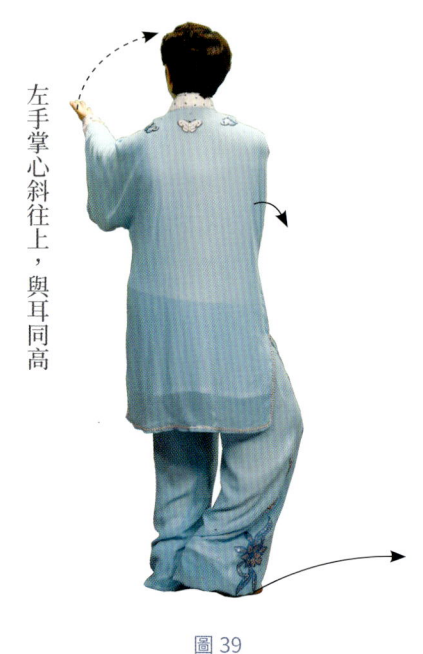

右腿屈膝後坐

圖 37

左腿屈膝前弓

圖 38

左手掌心斜往上，與耳同高

圖 39

動作 4

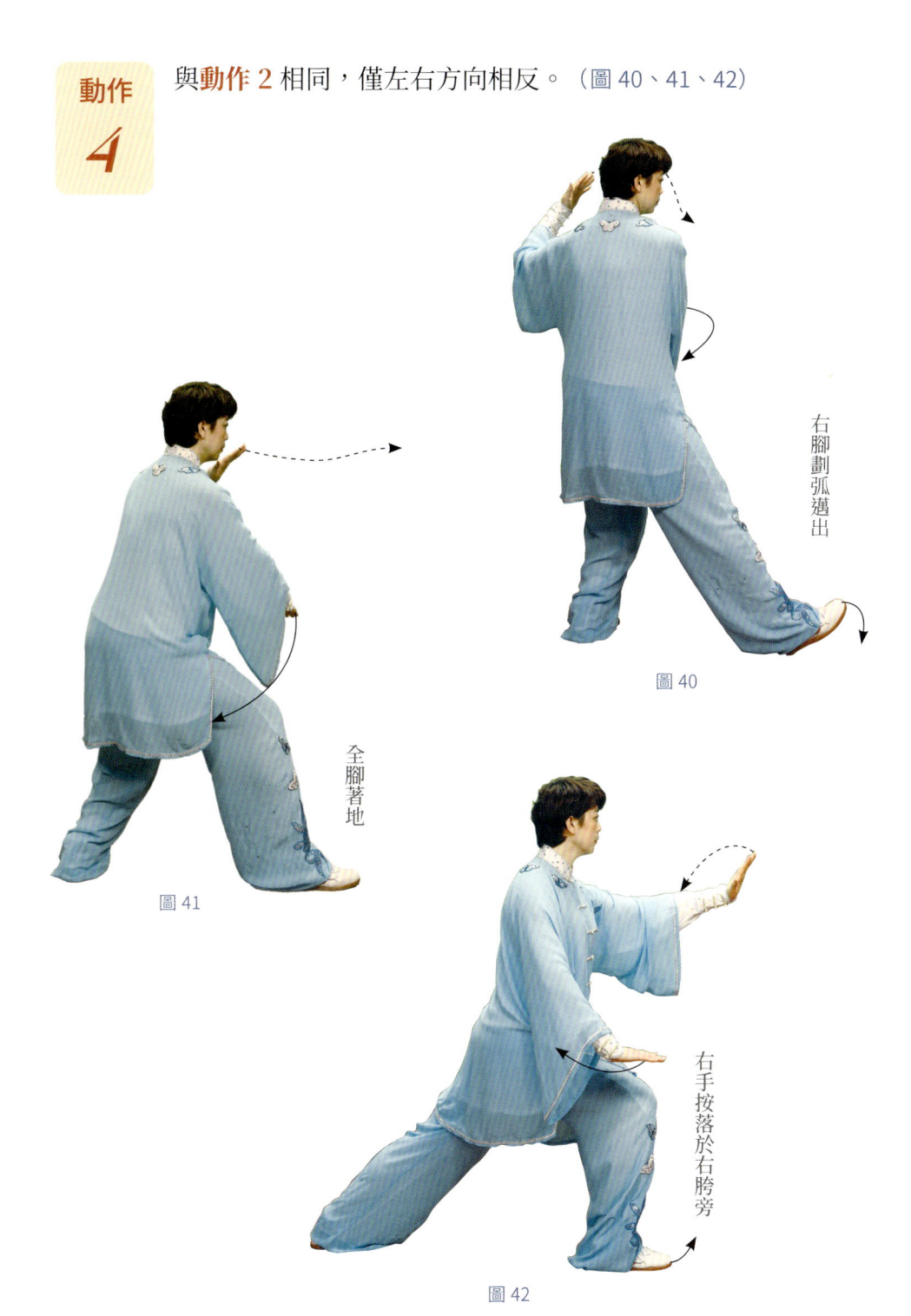

與**動作** 2 相同，僅左右方向相反。（圖 40、41、42）

右腳劃弧邁出

圖 40

全腳著地

圖 41

右手按落於右胯旁

圖 42

動作 5

與**動作** 3 相同，僅左右方向相反。（圖 43、44、45）

右腳尖翹起

圖 43

圖 44

右腳踏實

目隨右手

圖 45

第三章　24式太極拳

動作 6

與**動作**2 相同。（圖 46、47、48）

左腳劃弧邁出

圖 46

圖 47

左手按落於左胯旁

圖 48

105

動作要點　　第一，摟手、推掌與屈膝弓腿須協調一致，體現出合力與整勁。教師可用兩手檢查其勁道是否正確（如圖49）。第二，側舉臂、收腳與轉身也必須同步。

圖49

攻防含義　　當對方向我方腹部擊拳時，我方則一手摟開，另一手推擊對方，使其失去重心。

5・手揮琵琶

動作　上身微微左轉，以腰帶腿。右腳跟進半步，前腳掌著地，隨即上身後坐，身體重心移至右腿；同時上身半面右轉，左腳略提起稍往前移，腳跟著地，腳尖翹起，膝部微屈成左虛步。同時，左手由左下往右上劃弧挑舉，高與鼻平，掌心朝右下，臂微屈，右手收至右胸前，兩手同時內旋，右手置於左臂肘部內側，掌心朝左。目先隨右手，定勢時，通過左手指尖平視。（圖50、51、52）

圖 50

上身後坐

圖 51

動作 2　右臂屈肘折往前，右手由右耳側弧形往前推出，高與鼻平。同時，左臂屈肘撤至左肋外側，掌心朝上；左腳同時輕輕提起，經右腿內側劃弧，往左後方退一步，前腳掌先著地，再過渡到全腳掌，重心移至左腿，右腳隨轉身以前腳掌為軸，扭正成右虛步。目隨右手。（圖56、57）

右手往前推

圖56

重心移至左腿

圖57

第三章　24式太極拳

動作 3　上身左轉，左手隨轉身往左後上方劃弧平舉，臂微屈，掌心朝上；右手繼續向前推掌。目隨左手。（圖58）

動作 4　與**動作**2相同，僅左右相反。（圖59、60）

右掌前推

圖 58

左手往前推

成左虛步

圖 60

111

| 動作 5 | 與**動作** 3 相同，僅左右方向相反。（圖 61）|

| 動作 6 | 與**動作** 2 相同。（圖 62、63）|

右手掌心朝上

圖 61

圖 62

目隨右手

圖 63

第三章 24式太極拳

| 動作 7 | 與**動作**3相同。（圖64） |

| 動作 8 | 與**動作**2相同，僅左右方向相反。（圖65、66） |

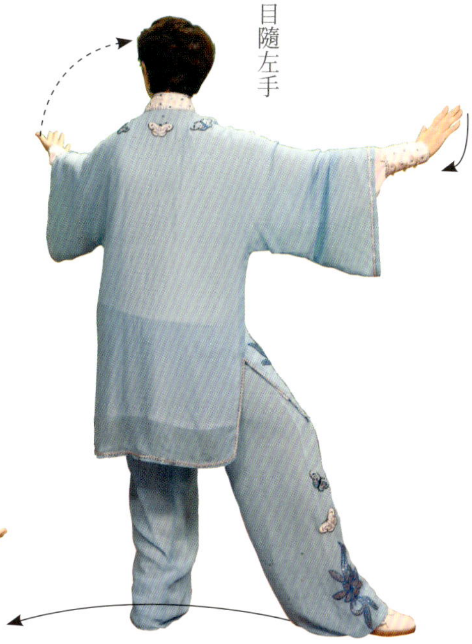

目隨左手

圖64

圖65

左掌前推

右手掌心朝上

圖66

113

動作要點　一推一拉與轉腰沉胯必須協調一致；推與拉需要掌心大致相對；後退、落步，要避免兩腳走一線，甚至兩腳交叉（如圖67）。步法、身法應與屈肘，折臂協調一致。最後，退右腳時，腳尖外撇角度略大些，以便於接做「左攬雀尾」的動作。

攻防含義　第一，對方左拳向我擊來，我方則以右小手臂擋之，左掌順右手掌心往前推擊對方面部。第二，對方左拳擊來時，我方以右手抓握其左腕旋之，以左手推撅之。

❌ 錯誤動作

圖 67

7・左攬雀尾

動作 1

上身微往右轉，右手隨轉身往右後上方劃弧平舉，掌心斜朝上，左掌繼續略前推，掌心朝下。目先隨左手，後隨右手。
（圖68）

左手掌心朝下

左前腳掌點地

圖68　　　　　　　　圖69

動作 2

上身繼續微往右轉，左手邊外旋，邊劃弧下落至腹前，掌心朝上。同時，右手邊內旋，邊劃弧屈肘，收至右胸前，沉肩墜肘，兩手掌心相對成抱球狀。身體重心移至右腿上，左腳收於右腿內側，前腳掌點地。目隨右手。（圖69）

動作 3

上身微往左轉，左腳劃弧往左前方邁出，重心鬆沉，兩腿彎曲成半馬步狀，上身繼續左轉，右腿自然伸直，左腿屈膝成左弓步。同時，上臂往左前上方掤架，即以前臂外側和手背往前方推出，左臂平屈成半圓形，高與肩平，掌心朝後；右手往右下按落於右胯旁，掌心朝下，指尖朝前。目隨左手；定勢時，平視前方。**此為「掤」**。（圖70、71）

成半馬步

圖70

左臂成半圓形

圖71

動作 4　上身微往左轉，左手隨之前伸，翻掌往下，右手邊外旋，邊翻掌往上，經腹前往左前上方、劃弧迎至左前臂下方。隨即，經半馬步，身體重心移至右腿，上身往右轉，兩手同時經腹前、往右後下方劃弧下捋，隨即轉腰坐胯，兩手往右後方上舉，右手掌心斜朝上，高與肩齊，左臂平屈於右胸前，掌心斜朝後。目先隨左手，後隨右手；定勢時，視右手指方向。**此為「捋」**。（圖 72、73、74）

右手在左前臂下方

圖 72

轉腰坐胯

圖 73

左臂平屈於右胸前

圖 74

動作 5　上身微往左轉，右臂屈肘折回，右手附於左手腕內側；鬆腰沉胯，隨即上身繼續左轉，兩手同時往前擠出，左手掌心朝後，右手掌心朝前。擠出後，兩臂撐圓，高不過肩，低不過胸。同時，身體重心前移，經半馬步、左腿前弓，右腿後蹬成左弓步。目隨兩掌；定勢時，平視前方。**此為「擠」**。（圖75、76）

右手附於左手腕內側

兩臂撐圓

圖 75　　　　　　　　　　圖 76

第三章　24式太極拳

動作 6　左手內旋翻掌，掌心朝下，右手經左腕上方往前、往右伸出，掌心朝下，兩手左右分開、與肩同寬；轉腰沉胯，隨即右腿屈膝，重心移至右腿。同時，兩手屈肘，回收至腹前，掌心朝下方。目隨兩掌，後視前下方。（圖77、78）

兩手分開、與肩同寬

目隨兩掌

圖77　　　　　　　　　　　圖78

動作 7　身體重心前移,經半馬步、再左腿前弓,右腿伸直成左弓步。同時,兩手往前、往上按出。目先隨兩掌;定勢時,平視前方。**此為「按」**。(圖 79、80)

重心前移

兩手往前、往上按出

圖 79　　　　　　　　圖 80

動作要點　第一,掤、捋、擠、按均為太極拳的主要手法,一定要明確其著力點,**「掤」和「擠」的著力點在前臂側;「捋」和「按」著力點在兩掌之中**(如圖 81、82、83、84)。第二,注意腰為中軸帶動四肢,使每一種手法銜接圓潤,連貫圓活;並注重胸腹的虛實含展與動作的協調配合。

第三章　24式太極拳

掤

擠

圖 81

圖 82

捋

按

圖 83

圖 84

攻防含義　「掤」的用法，一是對方衝拳擊來，我方以手臂往上、往前掤架；二是一手抓腕，另一手撅臂以反關節擒拿之；三是往前掤擊對方。「捋」的用法是對方衝拳擊來時，我方則一手抓其腕，另一手附其肘部，往側後方捋帶，也稱「順手牽頭」。「擠」的用法是當對方在我方「捋」時，往後抗之，我方則順勢將對方擠出，使其失去重心。「按」的用法是當對方往前用力時，我方則往側方略化之，隨即以兩掌往前、往上掀推之，使對方失去重心。

8・右攬雀尾

動作 上身後坐並往右轉,身體重心移至右腿,左腳尖往內扣。同時,右手先經臉前、劃弧至右側方,再往右下劃弧至腹前,掌心朝上;左手同時往右上劃弧,平屈於胸前,掌心朝下與右手成抱球狀。身體重心再移至左腿,右腳收於左腿內側,前腳掌點地。目先隨右手,再隨左手。(圖85、86、87、88)

左腳尖往內扣

圖 85

圖 86

第三章　24式太極拳

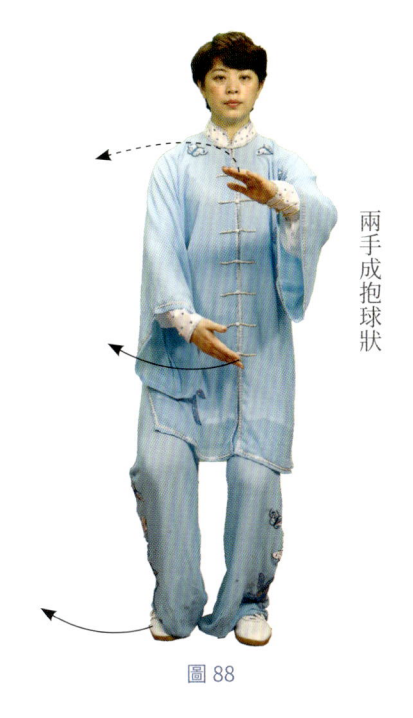

兩手成抱球狀

圖87　　　　　圖88

接下來的動作與「左攬雀尾」的**動作3、4、5、6、7**相同，僅左右相反。
（圖89～98）

動作要點　與「左攬雀尾」相同。
攻防含義　與「左攬雀尾」相同。

重心鬆沉

圖89

太極拳修練訣竅

圖 90　左手按落於左胯旁

圖 91　左手在右前臂下方

圖 92　左手掌心斜朝上

圖 93　右臂屈於左胸前

第三章 24式太極拳

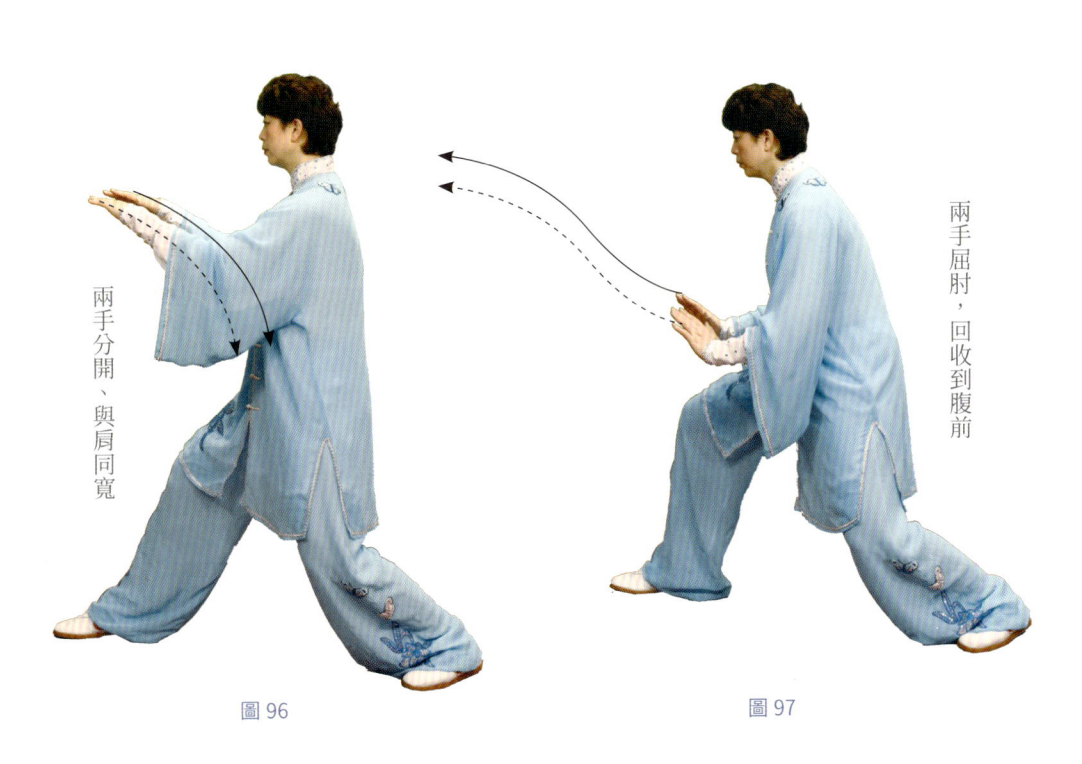

左手附於右手腕內側

圖94

成右弓步

圖95

兩手分開、與肩同寬

圖96

兩手屈肘，回收到腹前

圖97

125

太極拳修練訣竅

兩手往前、往上按出

圖 98

9・單鞭

動作 1　重心後坐，上身左轉，身體重心移至左腿，右腳尖往內扣。同時，左手掌心向外經臉前、右手掌心斜朝下經腹前，作弧形運轉，至左臂平舉，伸於身體左側，掌心朝左；右手運行至左肋前，掌心朝後上方。目隨左手。（圖99、100）

重心移至左腿

圖99

左臂平舉

圖100

| 動作 2 | 上身左轉，身體重心漸移至左腿；隨著轉腰，左手經臉、前往左側弧形運轉，掌心仍斜朝內；右手由右下經腹前、往左上劃弧至左胸前，掌心斜朝後。同時，右腳側行靠近左腳，成小開立步，兩腳距離 10～20 公分。目隨左手。（圖112、113）

重心移至左腿

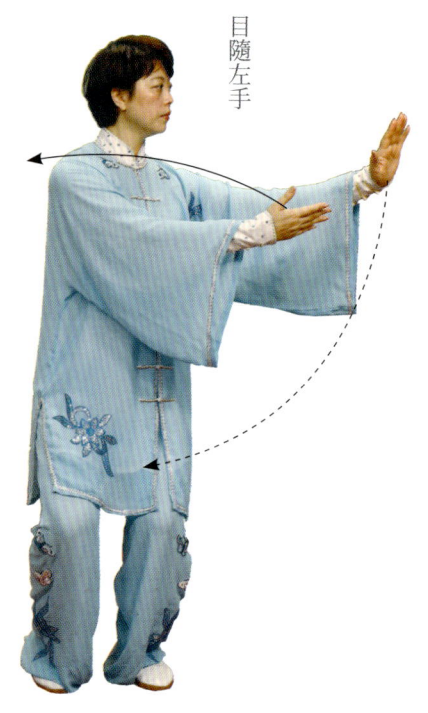

圖 112

目隨左手

圖 113

第三章　24式太極拳

動作 3　上身右轉，隨著轉腰，左手經腹前、往右上劃弧至右胸前，掌心斜朝後；右手邊內旋，邊往右側運轉，掌心翻轉朝右。同時，左腳往左橫跨一步，由前腳掌先著地，過渡到全腳掌。目隨右手。（圖114、115）

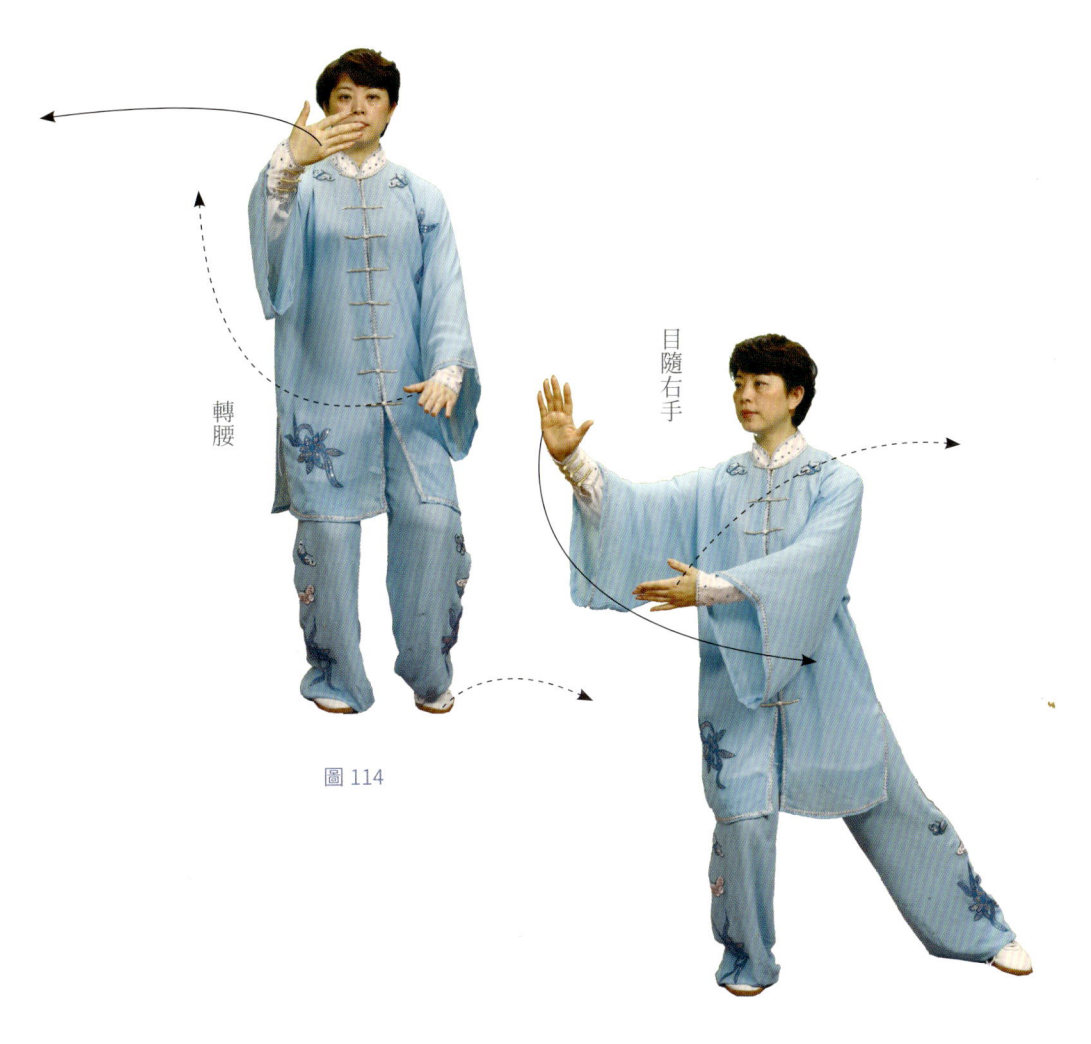

轉腰

圖114

目隨右手

圖115

133

接下來的動作順序為**動作2、3、2**。（圖116～121）「雲手」先向右，再向左，一右一左為一組，共做3組。

圖116

圖117

第三章　24式太極拳

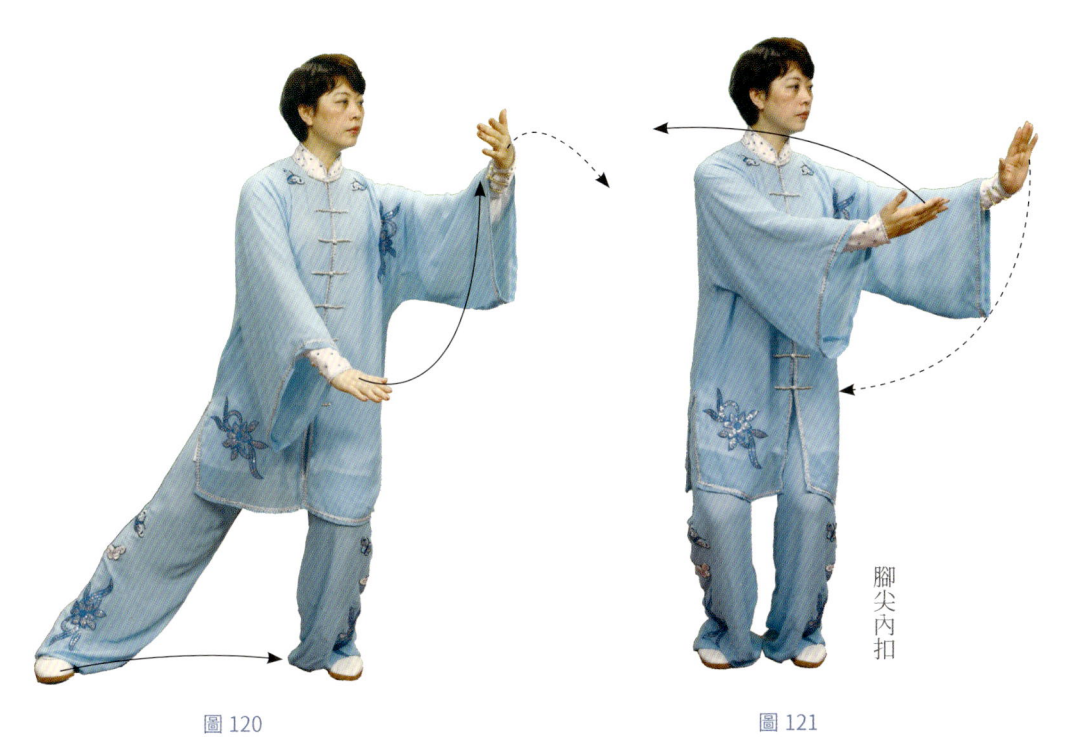

圖118

圖119

圖120

圖121

腳尖內扣

135

動作要點　第一，兩臂須隨腰椎的轉動而運轉，體現「腰為中軸」，並要注意鬆腰、鬆胯，自然圓活。第二，目隨上雲的手；另兩掌在左、右側變掌（即翻掌轉手心向外），須與開步、收腳同步。教師可在身後兩手扶腰，幫助轉動（如圖 122、123）。第三組「雲手」，右腳最後跟步時，腳尖應稍微往內扣，以便於接「單鞭」動作。

圖 122　　　　　　圖 123

攻防含義　當對方衝右拳向我方擊打時，我方則以左臂掤起，再以右小手臂插其右大手臂下方，向右後上方用「挒」勁，迫使對方失去重心而前撲。

11・單鞭

動作 1　身體重心移至右腿，上身右轉，左腳往右腳靠攏，前腳掌點地。同時，右手隨轉腰坐胯，邊內旋，邊往右上方劃弧運轉至右側方，掌心由內轉向外並往前推掌，腕與肩平。同時，左手隨轉腰往下，經腹前、往右上劃弧，停於右小手臂側，掌心朝內。目隨右手。（圖124、125）

重心移至右腿

右手腕與肩平

圖 124

圖 125

動作 2　右手變勾手，同時上身微往左轉，轉腰坐胯，左腳劃弧、往左前側方邁出，重心鬆沉，兩腿彎曲成半馬步狀，左腿弓，右腿蹬成左弓步；左掌隨上身繼續左轉，邊內旋，邊弧形運轉往前推出，掌心斜朝前，掌指與眼同高。右勾手隨著上身左轉，邊跟，邊弧形運轉往後撐出，沉肩墜肘。目先隨右手，後隨左手；定勢時，平視前方。

（圖 126、127、128）

右手為勾手

圖 126

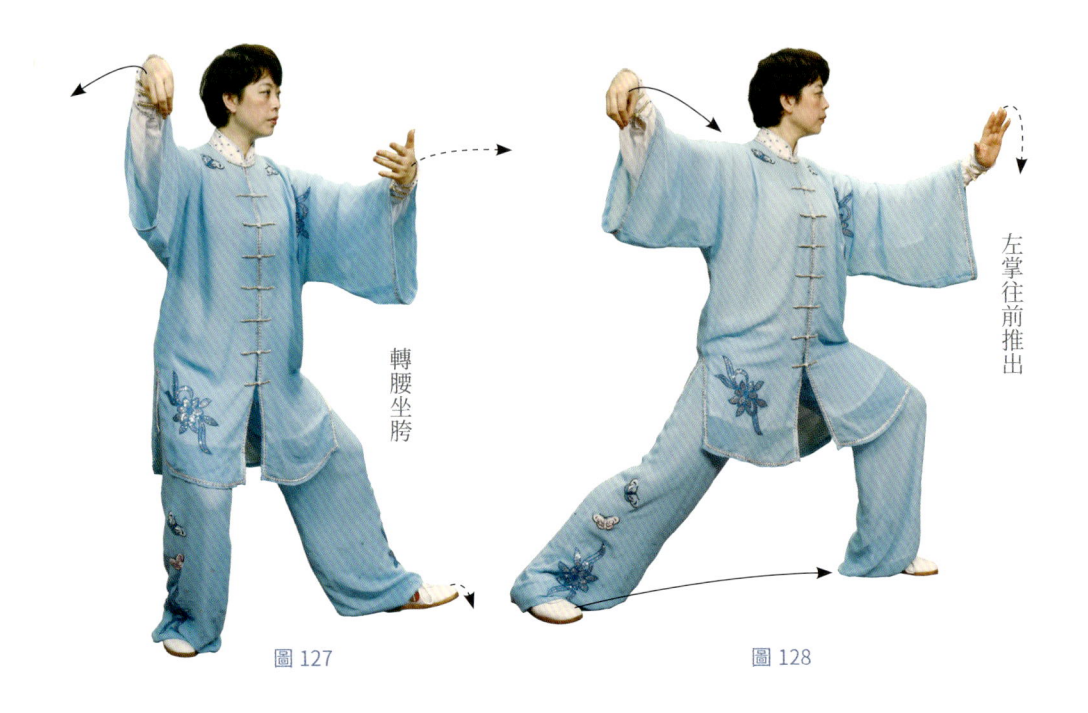

轉腰坐胯

圖 127

左掌往前推出

圖 128

12・高探馬

動作 1　上身微左轉，右腳跟進半步，隨即身體重心漸後移至右腿，同時左腳跟漸離地。右勾手同時變成掌，掌心朝上，肘微屈；左臂隨之略向右轉。目先隨左手，再隨右手。（圖129）

右勾手變掌，掌心朝上

圖129

動作 2　上身左轉，面朝前方，右臂屈肘折回，經右耳側往前推出，掌心朝前，掌指與眼同高。左手邊外旋，邊收至左腰側，掌心朝上；左腳同時微往前移，前腳掌點地，成左虛步。目隨右手；定勢時，平視前方。（圖130、131）

右臂向前推出

圖130

成左虛步

圖131

動作要點　第一，高探馬可以重心略高些，但身體不可上下起伏。第二，右推與左拉時，兩掌心大致相對，左肘不要超過肋部。

攻防含義　當對方右拳擊來時，我方則以左小手臂阻擋攻勢，並推右掌擊其面。同時，左腳踢對方右小腿脛骨或踢襠，以形成「上下齊攻」之勢。

13・右蹬腳

動作 1　上身微往右轉,左手掌心朝上,前伸至右手腕背面,兩手相互交叉,隨腰略左轉,再往兩側分開,並往下劃弧,掌心斜朝下。同時,左腳提起、往左前側方進步,腳尖略外撇。隨即,身體重心前移,左腿屈膝,右腿自然伸直成左弓步。目先隨左手,後隨右手。（圖132、133、134）

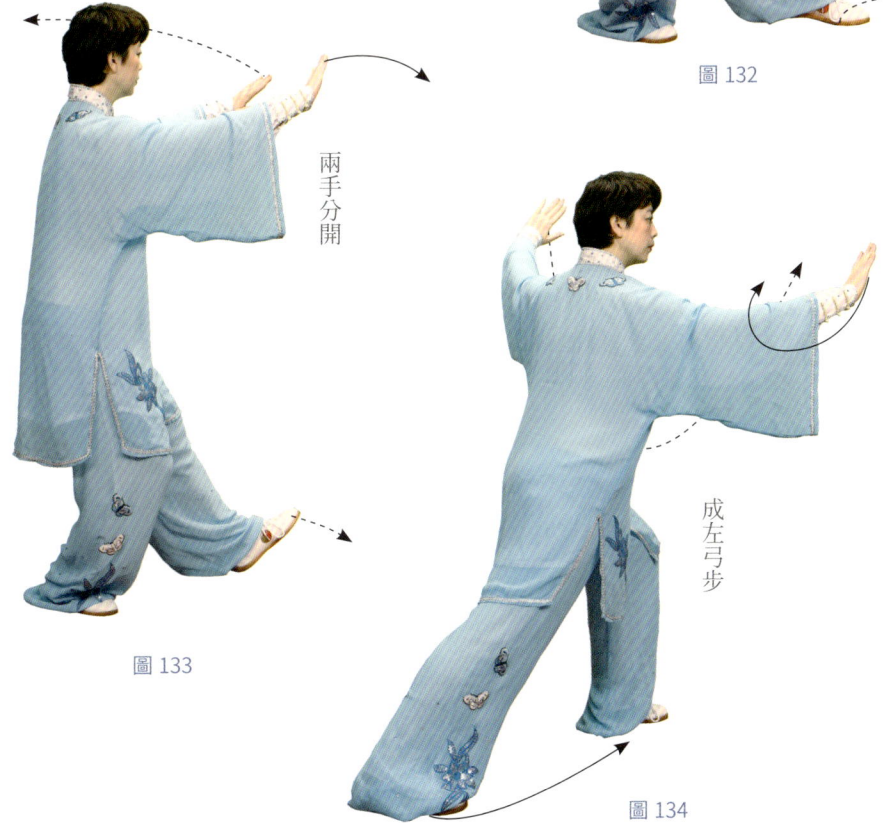

兩手交叉

圖 132

兩手分開

圖 133

成左弓步

圖 134

動作 2 兩手由外圈往內圈劃弧，兩手交叉合抱於胸前，右手在外，掌心均朝後。同時，右腳往左腳靠攏，前腳掌點地。目視前方。（圖135）

動作 3 兩臂邊內旋，邊左右劃弧、分開平舉，掌心均朝外，腕部與肩同高，肘部微屈。同時，右腿屈膝提起，右腳向右前方約30度蹬出。目透過右手指、向前平視。（圖136、137）

兩手交叉合抱於胸前

圖 135

右腿屈膝提起

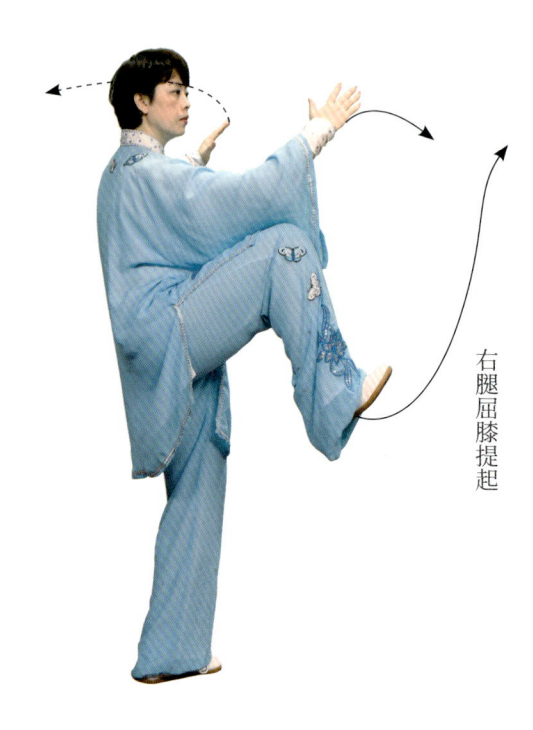

圖 136

右腳往前蹬出

圖 137

動作要點 蹬腳時，腳尖回勾，著力點在腳跟。分掌時，力達掌側。分手和蹬腳須協調一致，右臂與右腿上下相對，做到「外三合」，即**手與腳合，肘與膝合，肩與胯合**；兩臂之間的夾角應在 135 度以內。

攻防含義 這是典型的上下齊攻的動作，**上手擊面，下腳蹬擊胸腹**。如果對方衝拳擊來或是我方推掌被擋，則上盤就形成「搭」手。武術攻防中講「無搭不起腳」，故我方能上手搭手，下盤「起腳」，蹬擊對方胸腹。

14・雙峰貫耳

動作 1

右腿收回，屈膝平舉；左手由後邊外旋，邊往前下劃弧、落至身體前方；右手也同時邊外旋，邊下落，兩手分落於右膝兩側，掌心均翻轉朝上。目隨前下方。（圖138）

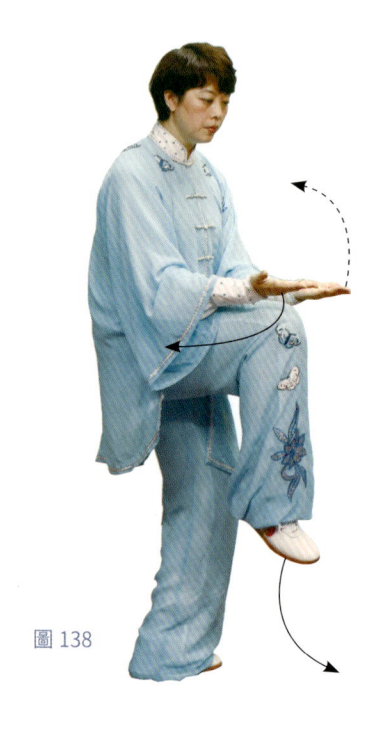

兩手分落右膝兩側

圖138

動作 2

右腳往右前方落下，腳跟先著地，再過渡到全腳掌，重心前移，經半馬步過渡，右腿弓成右弓步，面朝右前方。同時，兩手下落，慢慢變拳收至兩腰側，隨即分別從兩側往上、往前劃弧至面部前方。兩拳相對，成鉗形狀，高與耳齊，拳眼均斜朝下，兩拳間距10～20公分，即幾乎與頭部同寬。目隨右拳；定勢時，平視前方。（圖139、140、141）

第三章　24式太極拳

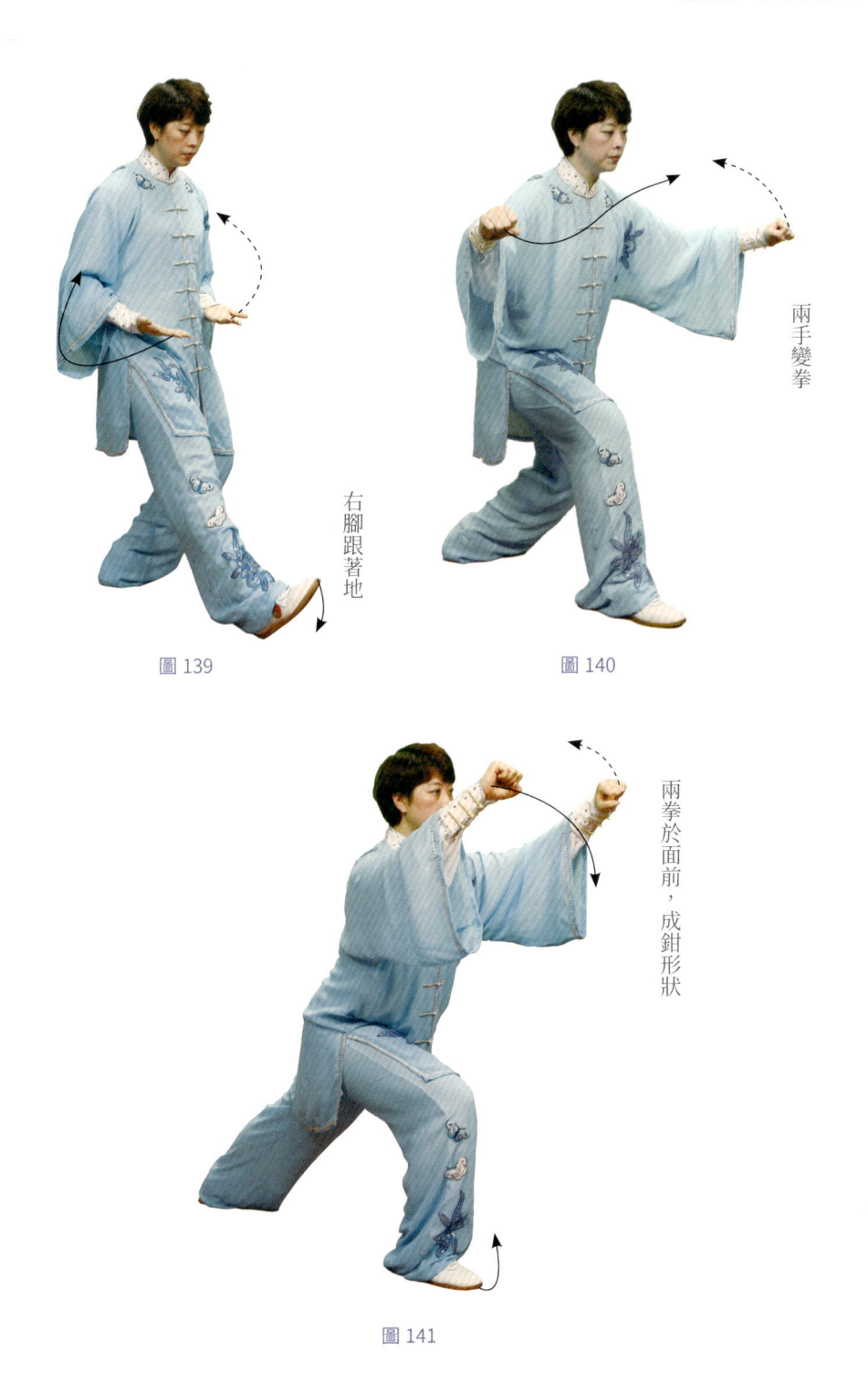

圖139

右腳跟著地

圖140

兩手變拳

圖141

兩拳於面前，成鉗形狀

145

動作要點 定勢時，頭頸須正直，鬆腰沉胯，上身略往前隨。兩臂保持弧形，並須沉肩墜肘，不可聳肩揚肘。除口頭提示之外，教師可用兩手加以限制（如圖142）。定勢的方向與右蹬腳方向相同。

攻防含義 當對方用雙掌或雙拳夾擊我肋部時，我方以雙拳格擋的同時，以右膝尖頂擊其胸腹部。當對方往後撤時，我方則上步，以雙拳合擊對方的兩側太陽穴。

圖142

第四段

15・轉身左蹬腳

動作 1　屈膝後坐，身體重心移至左腿，上身隨腰左轉，右腳尖往內扣。同時，兩拳變掌，由上往左右劃弧、分開平舉，掌心分別往斜朝前和斜朝後。目隨左手而動。（圖143、144）

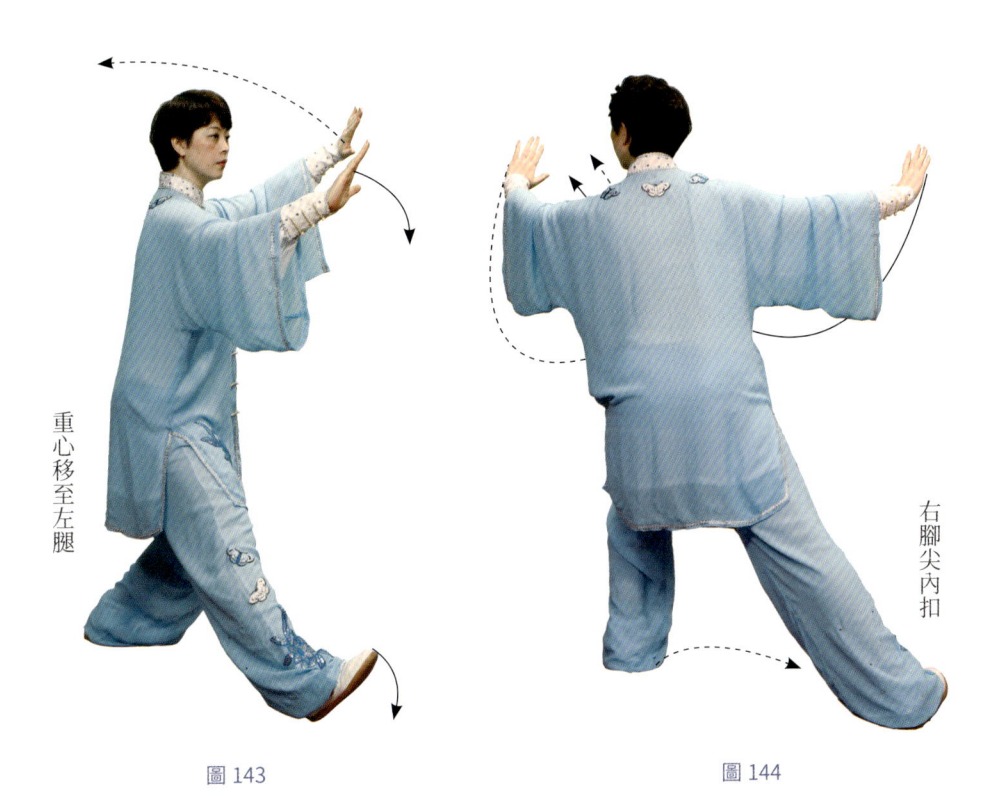

重心移至左腿

右腳尖內扣

圖143　　　　　　　　　　　　　圖144

動作 2　身體重心再移至右腿,左腳收至右腳內側,前腳掌點地。同時,兩手由外圈往內圈劃弧、合抱於胸前,左手在外,掌心均朝後。目視前方。(圖145)

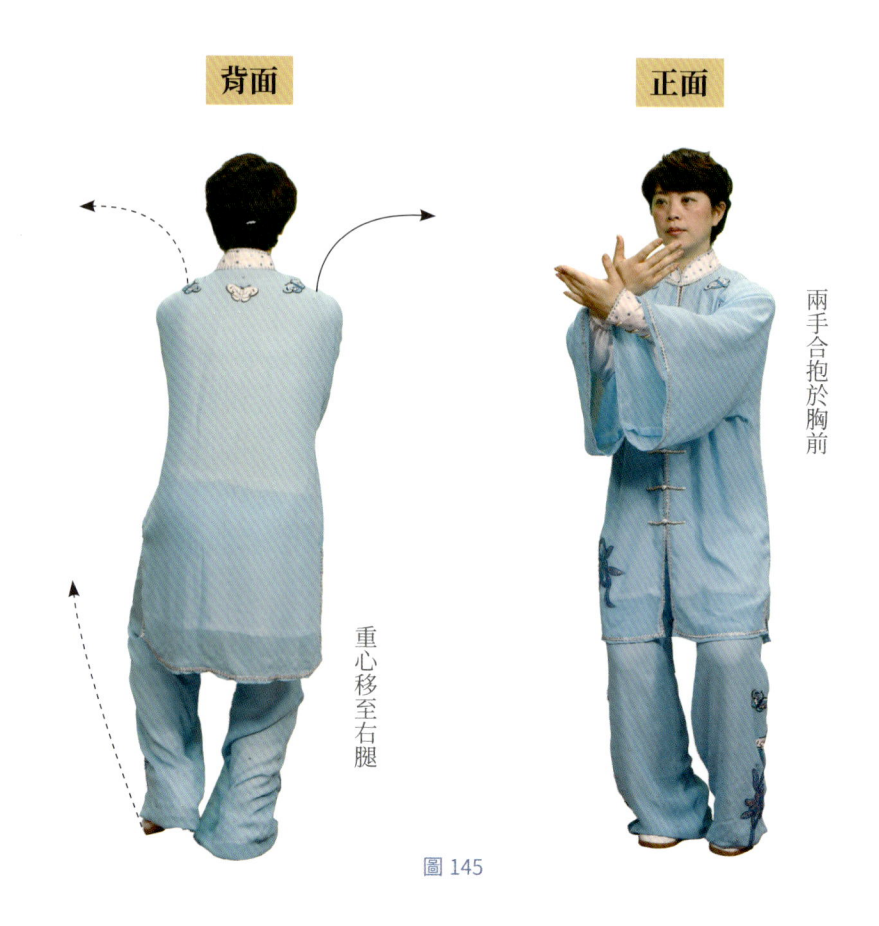

背面　　　正面

兩手合抱於胸前

重心移至右腿

圖 145

動作 3　兩臂邊內旋,邊左右劃弧、分開平舉,掌心均朝外,腕部與肩同高,肘部微屈。同時,左腿屈膝提起,左腳向左前方約30度蹬出。目通過左手指、平視前方。(圖146、147)

第三章　24式太極拳

左腿屈膝提起

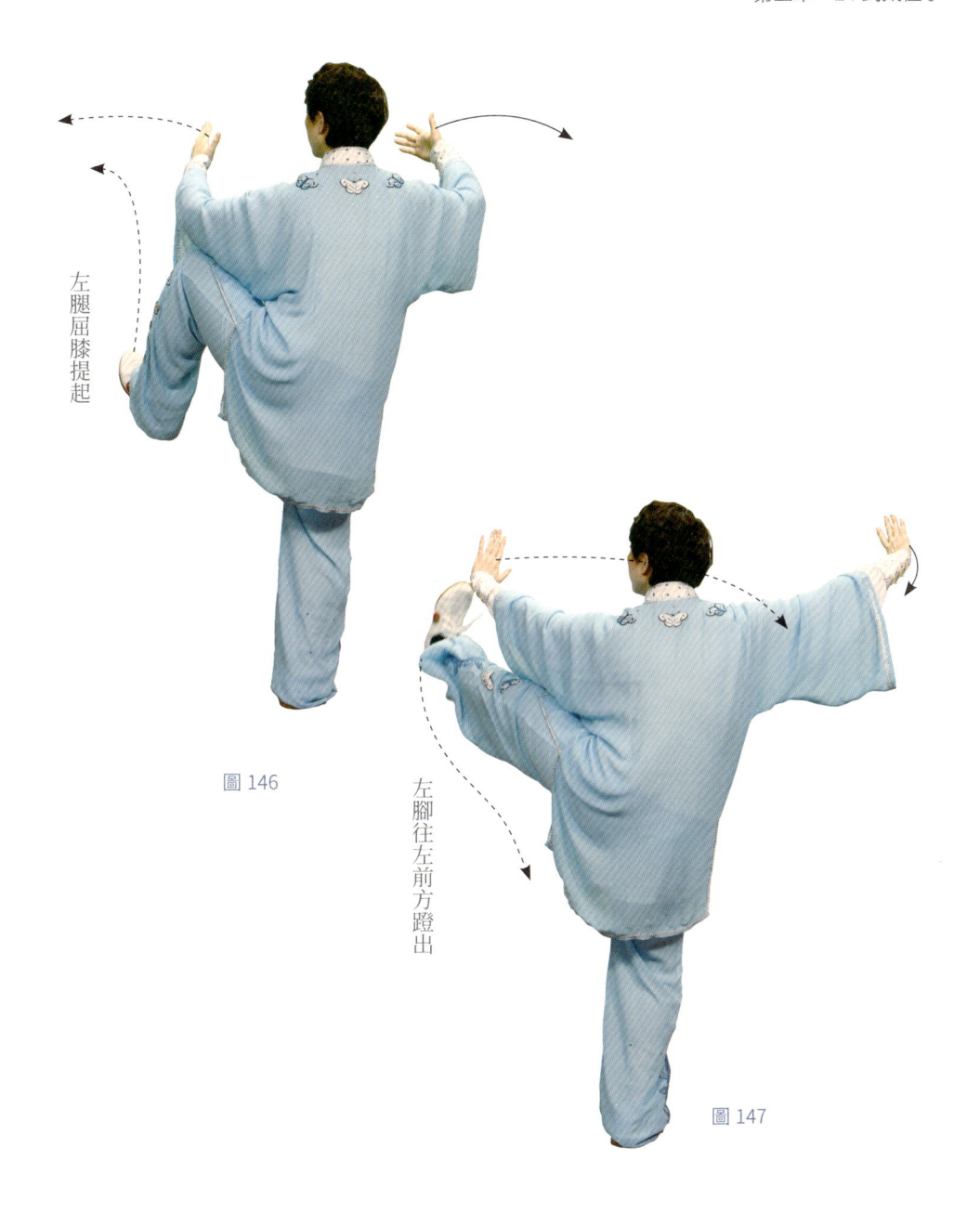

圖 146

左腳往左前方蹬出

圖 147

動作要點　與「右蹬腳」相同,僅左右相反。左蹬腳方向與右蹬腳約成 180 度。

攻防含義　與「右蹬腳」相同,僅左右相反。

149

16・左下勢獨立

動作 1 左腳收回平屈，上身右轉。同時，右掌變成勾手，左掌往上、往右劃弧下落，置於右肩前，掌心斜朝後。目隨右勾手。（圖148）

動作 2 右腿慢慢屈膝下蹲，鬆腰坐胯，左腳由內往左側偏後方伸出，成左仆步。同時，左手下落，掌心向外隨轉腰、順左腿內側往前穿出。目隨左手。（圖149、150）

右掌變勾手

圖148

成左仆步

圖149

目隨左手

圖150

動作 3　身體重心前移，以左腳跟為軸，腳尖轉正前方，左腿前弓，右腳尖往內扣，右腿後蹬，上身微往左轉，並往前起身。同時，左手立掌、繼續往前伸直，鬆腰沉肩，右勾手下落，勾尖朝上。目隨左手。（圖151）

重心前移

圖151

太極拳修練訣竅

動作 4　左腳外撇,重心繼續前移,右腿提起平屈、成左獨立勢。同時,右勾手變掌,並由後下方、順右腿外側、往前弧形挑起,屈臂立於右腿上方,肘與膝上下相對,掌心朝左。左手同時墜肘按落於左胯旁,掌心朝下,指尖朝前。目先隨左手,再隨右手;定勢時,平視前方。(圖152、153)

右勾手變掌

圖152

左手按落於左胯旁

圖153

動作要點 第一，仆步時，要防止兩腳落在一條線上。注意屈蹲腿的腳跟應該與仆直腿的腳尖，落於一條線上。防止上身前俯引起的突臀，教師可用手加以限制（如圖154）。第二，要做到「手正身斜」，便於進攻對方，而避免對方攻擊。如果手正、身也正，則容易受對方攻擊（如圖155）。第三，挑起的手臂的肘與屈腿的膝要相對，達到「相繫相吸」的要求。屈膝腿的腳尖，自然下垂。

圖154　　　　　　　　　　　圖155

攻防含義 第一，當對方右拳擊來時，我方以右手抓腕並「採」其腕，隨即以左穿掌插擊對方襠部。第二，當對方右拳擊來時，我方則以左手抓握並「採」其腕部，隨即以右手穿過其襠部，隨即蹬腿，轉腰往右後將其扛摔，俗稱「倒口袋」。第三，「獨立勢」也是典型的「上下齊攻」的例子。當對方右拳擊來時，我方則以左手邊擋邊下「採」，隨即以右掌挑擊其下顎，並以右膝頂擊其胸腹。

17・右下勢獨立

動作 1　右腳下落於左腿內側,前腳掌著地;隨即重心略移右腿,左前腳掌為軸,腳跟往內碾動。重心緊接著再移至左腿,身體隨著左轉。同時,左手邊向後平舉,邊變成勾手,右掌隨著轉身往左側劃弧,立於左小手臂側,掌心斜朝後。目隨左手。（圖156、157）

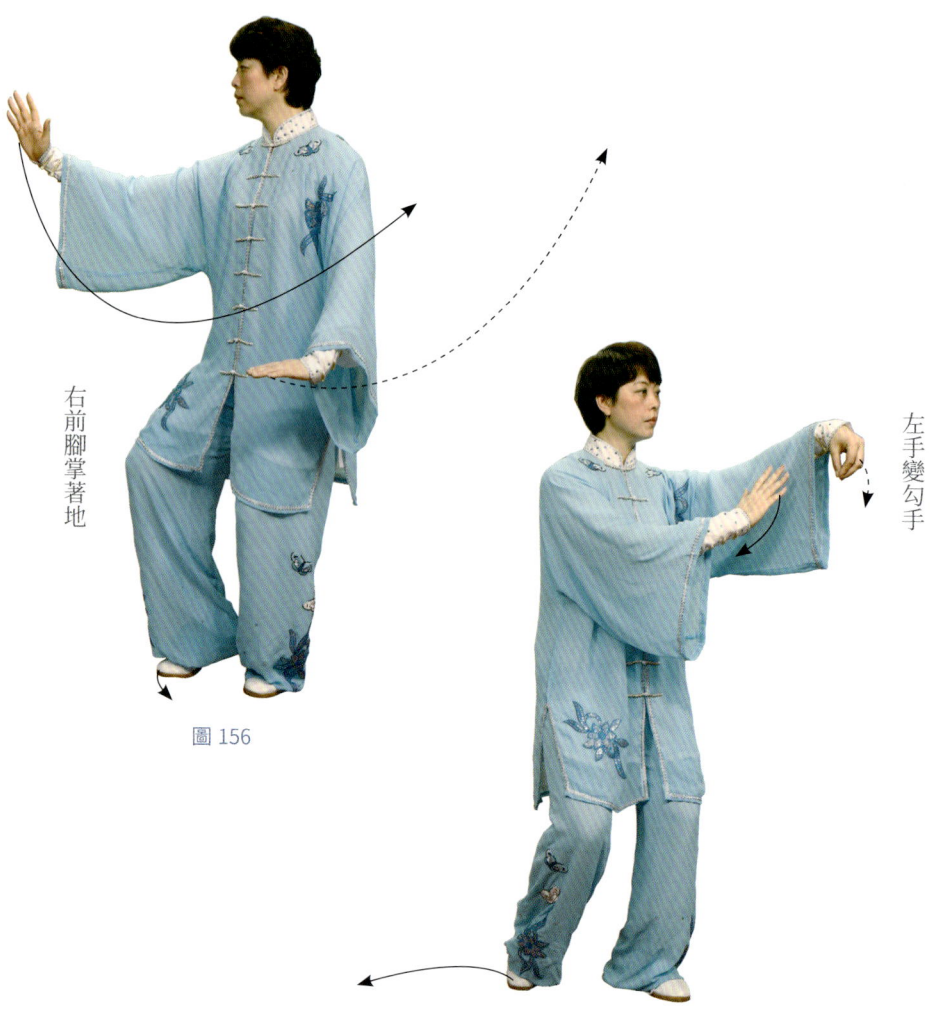

右前腳掌著地

圖 156

左手變勾手

圖 157

接下來的動作與「左下勢獨立」的**動作2、3、4**相同，僅左右相反。
（圖158～162）

成右仆步

圖158

目隨右手

圖159

重心前移

圖160

太極拳修練訣竅

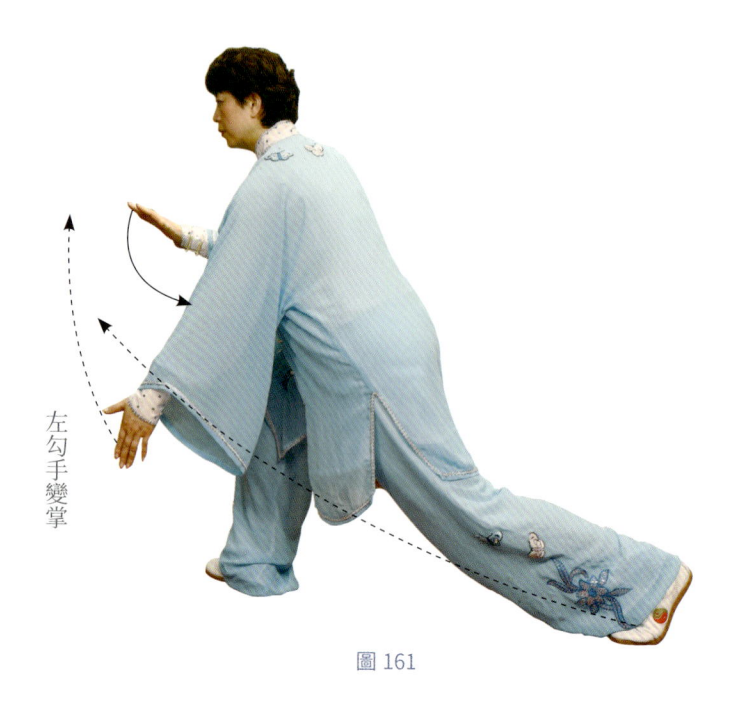

左勾手變掌

圖 161

左手屈臂立於左腿上方

動作要點 右腳掌著地後應稍提起，再往下仆腿。其他均和「左下勢獨立」相同，僅左右相反。

攻防含義 與「左下勢獨立」相同。

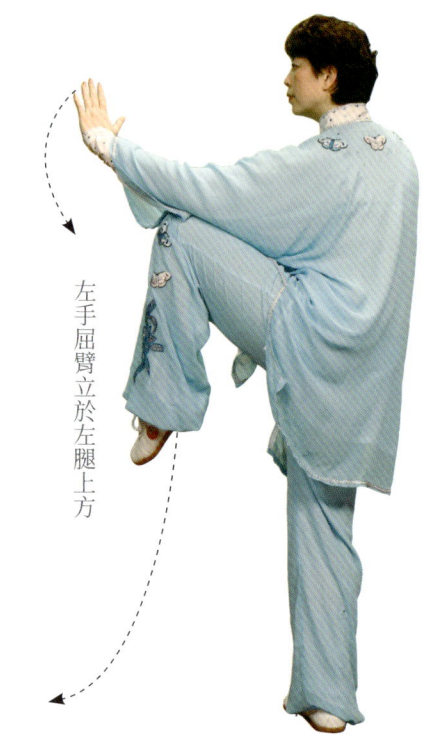

圖 162

18・左右穿梭

動作 1　右腿微屈,左腳往左前方落地,腳跟先著地,腳尖外撇。同時,上身往左轉,左手邊內旋,邊下落;右手邊外旋,邊往左上方迎出。重心隨即移往左腿,屈膝半蹲,右腳收至左腳內側,前腳掌點地。同時,左手在左胸前,右手在左腹前、成抱球狀。目隨左手。（圖163、164、165）

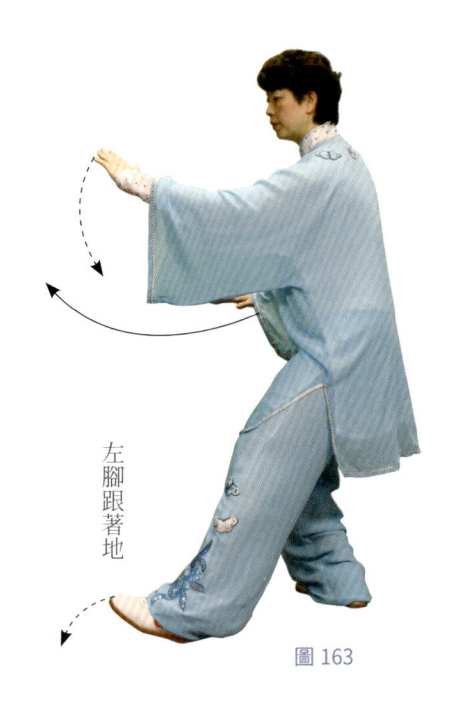

左腳跟著地

圖163

重心移至左腿

圖164

兩手成抱球狀

圖165

動作 2

上身微往右轉，右腳往右前方邁出，腳跟先著地，再過渡到全腳掌。鬆腰坐胯，屈膝前弓、成右弓步。同時，右手經臉前、邊內旋翻掌，邊劃弧上舉、架於右額前，掌心斜朝上；左手下落，經左腰側、劃弧往右前方推出，高與鼻尖平，掌心朝右前方。目隨右手，後隨左手；定勢時，平視右前方。

（圖166、167、168）

右腳跟著地

圖 166

左手往右前方推出

圖 167

右手掌心斜朝上

圖 168

第三章　24式太極拳

動作 3

重心略往後移，腰微微左轉，右腳尖稍往內扣。隨即，身體重心隨轉腰再移至右腿，左腳收於右腳內側，前腳掌點地。同時，右手略外旋、下落至右胸前，左手劃一小弧、收抱於右腹前，兩手成抱球狀。目隨右手。（圖169、170、171）

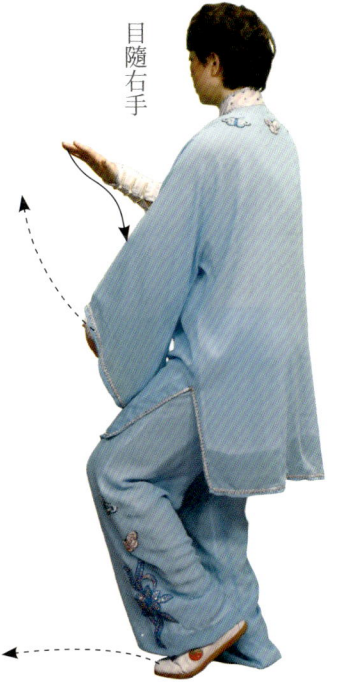

圖169

重心先略往後移

圖170

重心再移至右腿

目隨右手

圖171

太極拳修練訣竅

動作 4

與**動作** 2 相同，僅左右相反。
（圖 172、173、174）

左腳跟著地

圖 172

右手往左前方推出

圖 173

右掌高與鼻尖平

圖 174

動作要點 左右穿梭方向分別為右、左斜前方 30～45 度。上架，前推掌與弓腿鬆腰，必須上下協調一致，同步完成。教師可用兩手加阻力讓學員體驗「架」、「推」的勁道（如圖 175、176）。

圖 175　　　　　　　　　　　圖 176

攻防含義 以「右穿梭」為例，當對方左拳擊來時，我方則上右步，右腿卡其左腿後方，隨即右架、左推，使對方失去重心。

19・海底針

動作 上身微往左轉，右腳向前跟進半步。隨即，身體重心隨轉腰、移至右腿。同時，身體往右轉，右手下落，經身體前劃大弧、往後上方提至右耳側。身體跟著左轉，並微向前傾，左腳稍往前，前腳掌點地。同時，左手經前下劃弧、按落於左胯旁，掌心朝下，指尖朝前，右手從右耳側、往前下插出。目隨右手；定勢時，視前下方。
（圖 177、178、179、180）

上身微往左轉

重心移至右腿

圖 177　　　　　　　　　　　圖 178

第三章 24式太極拳

右手提至右耳側

左手按落於左胯旁

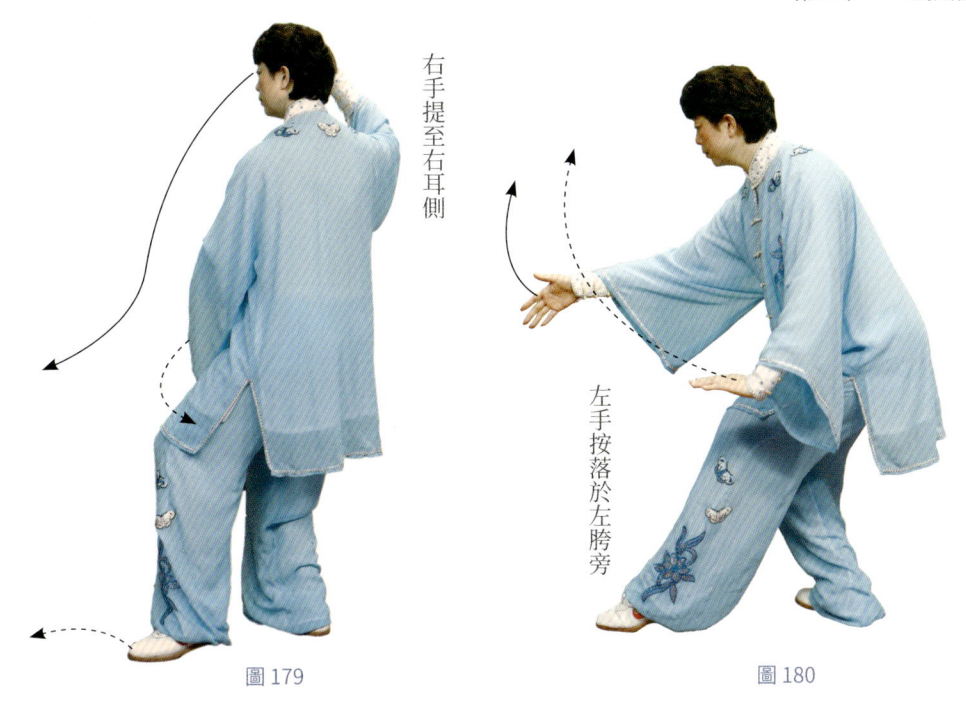

圖179　　　　　　　　　　　　　圖180

動作要點　定勢時，既不能低頭和臀部外凸，也不能呆板筆直，而應該往前隨。左摟、右插與成左虛步，須協調一致，同步完成。教師可用手引導學生體驗「下插」的勁道（如圖181）。

攻防含義　當對方左拳擊來時，我方則以左手摟擋，右手插其襠部。另一種，是我方以右手抓握對方的右腕，以左手插其襠部。

圖181

20・閃背通

動作 上身稍往右轉，左腳向前邁出，腳跟先著地，再過渡到全腳掌，鬆腰坐胯，屈膝前弓成左弓步。同時，右手邊由身體前上提，邊內旋翻掌，屈臂架舉於右額前上方，掌心朝左上。左手緊跟著提起附於右小手臂內側，經胸前、向前推出，高與鼻尖平，掌心斜朝前。目先隨右手，後隨左手；定勢時，平視前方。（圖182、183、184、185）

上身稍右轉

左腳跟著地

圖182　　　　　　　　圖183

第三章 24式太極拳

左手向前推出

圖184

成左弓步

圖185

動作要點 定勢時，上身要正直，並做到鬆腰、沉胯。左臂要做到「曲中求直」，要把背部肌肉伸展開。右架與左推形成對拉、對撐的勁道。右架、左推與弓步，動作要協調一致，同步完成。

攻防含義 當對方右拳擊來時，我方則右手抓握其腕，隨即上左步，並以左掌擊其肋，使對方失去重心。

21・轉身搬攔捶

動作 1 　上身後坐,身體重心移至右腿,左腳尖往內扣,身體往右後轉；隨即重心再移向左腿,右腳以腳掌為軸、碾正。同時,右手隨轉身,邊變拳,邊往右、往下劃弧至右腹前,沉肩墜肘,拳心斜朝下；左掌上舉於左額前,掌心斜朝前。目隨右手。（圖 186、187）

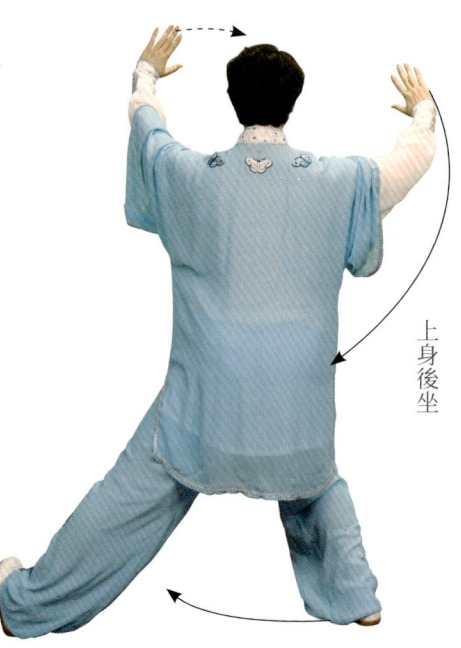

上身後坐

圖 186

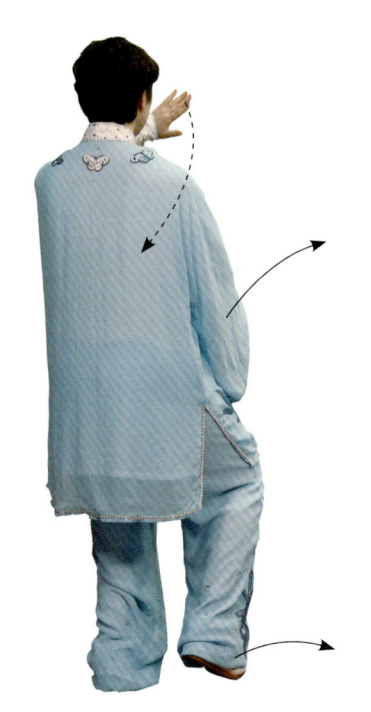

背面

右手變拳

正面

圖 187

| **動作 2** | 上身繼續右轉，右拳經左臂內側、劃弧往右前方翻轉搬壓，拳心朝上，高度在胸腹之間；左手按落於左胯旁，掌心朝下。同時，右腳劃弧、往右前方邁出，腳尖外撇。目隨右拳。

（圖 188）

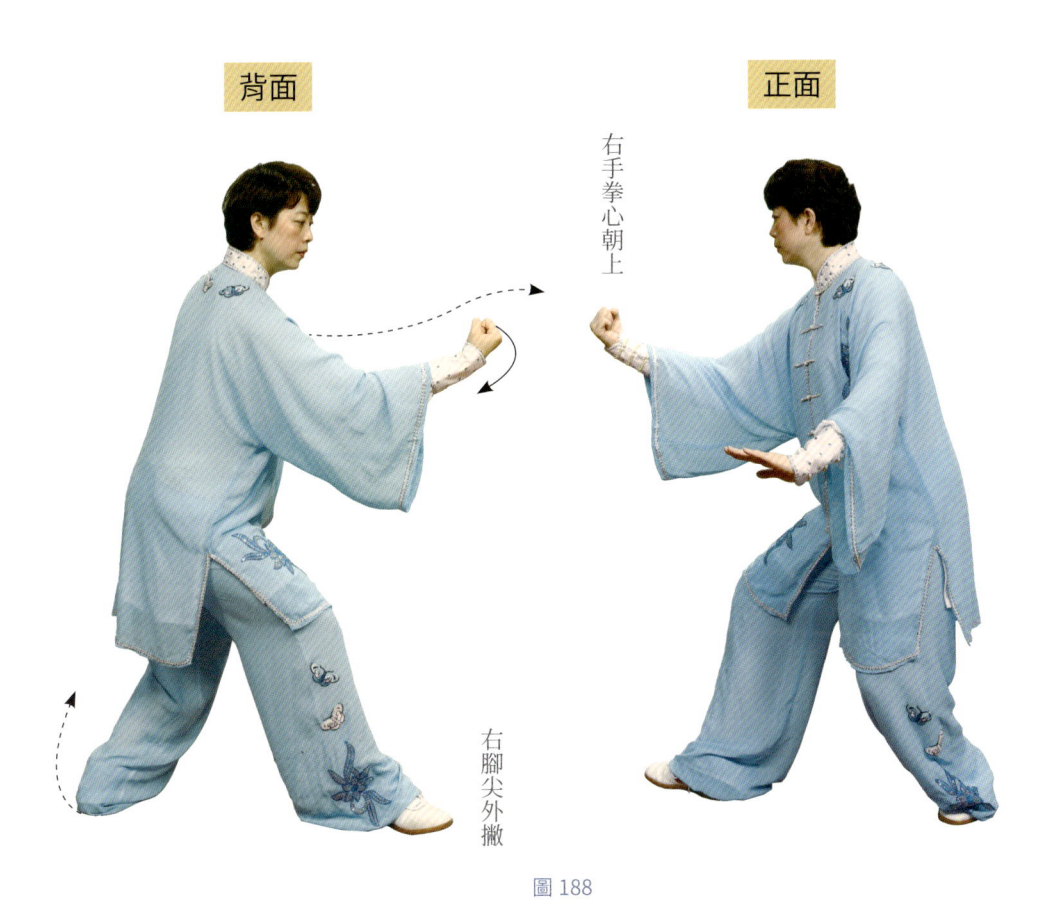

背面　　　　　　　　　正面

右手拳心朝上

右腳尖外撇

圖 188

動作 3 身體重心前移至右腿，左手經左側往前、往上方劃弧攔出，掌心斜朝前；隨即左腳經右腿內側、往前邁步並屈膝。同時，右拳隨著轉腰、往右劃弧、收至右腰側，拳心朝上。目隨左手。（圖189、190）

左手掌心斜朝前

圖 189

目隨左手

圖 190

第三章　24式太極拳

動作 4　左腿前弓，鬆腰坐胯，右腿伸直成左弓步。同時，右拳邊內旋，邊往前衝出，拳眼朝上，高與胸平，左手附於右前臂內側。目隨右手；定勢時，平視前方。（圖191）

右拳衝出

圖191

動作要點　第一，收拳、搬拳時，含胸；攔掌、衝拳時，展胸。虛實含展的變化要與動作合拍。第二，右肩隨衝拳，須略往前引伸，沉肩墜肘，右臂微屈，「曲中求直」。教師可衝拳，引導學生體驗「搬拳」、「攔掌」和「衝拳」的用法（如圖192、193、194）。

攻防含義　當對方衝拳擊我方胸腹時，我方快速連續做搬、攔、捶的動作，使對方失去重心。

搬拳

圖 192

攔拳

圖 193

衝拳

圖 194

22・如封似閉

動作 1

左手由右腕下、往前伸出，右拳變掌，兩手掌心逐漸外旋，翻轉向上，並慢慢分開回收。同時，身體後坐，重心移至右腿，目隨右手。（圖195、196）

左手由右腕下伸出

圖 195

重心移至右腿

圖 196

太極拳修練訣竅

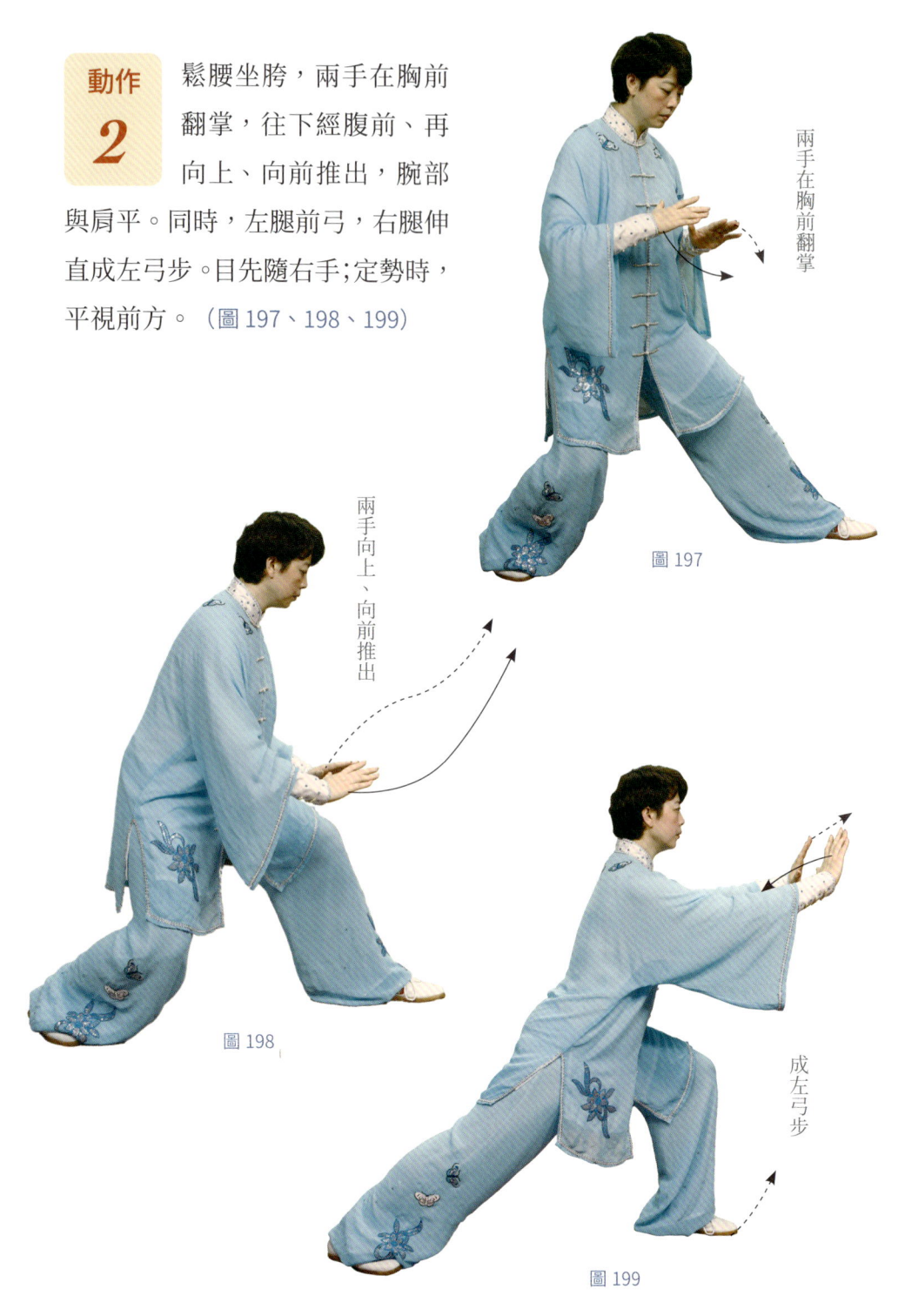

動作 2　鬆腰坐胯，兩手在胸前翻掌，往下經腹前、再向上、向前推出，腕部與肩平。同時，左腿前弓，右腿伸直成左弓步。目先隨右手；定勢時，平視前方。（圖197、198、199）

兩手在胸前翻掌

圖197

兩手向上、向前推出

圖198

成左弓步

圖199

第三章　24式太極拳

動作要點　後坐分掌時，肩、肘部須略往外鬆開，且兩手距離不得大過肩，這叫「肘大開，手小開」，不可夾肘直著回抽（如圖200）。教師也可兩拳合擊其肋，讓學生體會「開手」防守，隨即「合推」反攻的勁道（如圖201、202）。

攻防含義　當對方雙拳合擊我方肋部時，我方則以兩小手臂往外開臂以防守，再邊弓腿，邊由下往上、由後往前「合推」，使對方失去重心。注意，<u>要與「攬雀尾」中「按」的「掀推」用法，區別開來</u>。

❌錯誤動作

圖200

開手

圖201

合推

圖202

173

23・十字手

動作 1 　右腿屈膝後坐，身體重心移往右腿，左腳尖往內扣。同時，往右轉身，右腳尖隨轉身、稍往外撇，成右側弓步；右手隨轉身、往右前方平擺劃弧，左手稍往外撐，與右臂幾乎成側平舉；肘部微屈，掌心分別斜朝前和斜朝左。目隨右手。（圖203、204）

左腳尖往內扣

圖203

成右側弓步

圖204

第三章　24式太極拳

動作 2　身體重心漸移往左腿，右腳尖往內扣並輕輕蹬地，向左收回；兩腳距離與肩同寬，兩腿隨即伸直成開立步。同時，兩手往下，經腹前往上劃弧交叉、合抱於胸前，兩臂撐圓，腕略低於肩，右手在外成十字手，掌心均朝後。目先隨右手；定勢時，平視前方。（圖205、206、207）

重心移至左腿

圖 205

兩手往上劃弧交叉

圖 206

兩手成十字手

圖 207

> **動作要點**　第一，兩手分開或合抱時，均不可前俯、凸臀。教師可在其身後，以手阻力引導（如圖 208）。第二，移動重心時，要先扣左腳，再撇右腳，不可相反；兩臂環抱成十字手時，須沉肩墜肘。

圖 208

> **攻防含義**　第一，當對方以右拳或掌擊來時，我方則先以右臂阻擋，隨即與左手一起滑向其兩腿後側，往內收緊。同時，以右肩往前靠擊之，使對方向後跌倒。第二，當對方以右拳或掌擊來時，我方先以右臂化之，隨即左手順著右臂上方、插擊其喉部；若對方抬臂防禦，我方即換右手攻擊。十字手兩手如蛇，可以靈活交替攻防。

第三章　24式太極拳

24・收勢

動作　兩臂內旋並且往外翻掌，兩手掌心則朝下，左右分開，與肩同寬。隨即，兩臂徐徐下落，停於身體兩側，掌心朝內。接著，左腳收回至右腳旁。目平視前方。
（圖209、210、211、212）

兩手掌心朝下

圖209 　　圖210

目平視前方

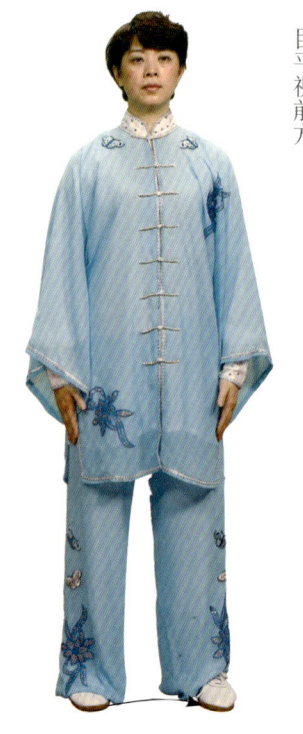

圖210 　　圖211

動作要點　與「預備勢」相同，只是在兩掌分開下按時，除了全身自然放鬆之外，仍要注意「氣沉神領」。

攻防含義　當對方近身擠靠我時，我方則順勢往下、往後按之，使對方前撲。

177

第四章

太極拳互動教學法

太極拳互動教學法是在長期的教學過程當中，積累出的經驗總結。俗話說「嚴師出高徒」，教師為人師表的認真嚴謹和敬業奉獻，是教學有成效的首要條件。

　　在太極拳教學中，教師始終要發揮主導作用，循循善誘，帶動學生的學習熱忱，同時讓學生能自覺地、主動地、熱絡地學習，也要給學生發言權，讓他們能夠開誠布公地發表看法。

　　教師要注意學生的年齡、拳齡（指習拳年限）、經歷、吸收程度等的差異，因材施教地進行教學。教師還要善於從學生身上吸取長處，做到教學相長，並把教「拳」育人貫穿始終。

　　在互動教學法中，鼓勵學生踴躍提問至關重要。能提出問題，說明他（她）有動腦筋思考，只有這樣，學到的知識、技術、技能才能深刻理解，記得牢。

　　在教師有主導能力，學生有自主權的相互配合之下，就能營造既嚴格認真又生動活潑的良好教學氣氛。

講解法

俗話說「燈不撥不亮，話不說不明」。講解是透過教師的說明達到解惑、釋疑的目的。講解法的形式主要有**講解**、**口令**、**提示**、**講評**等。講解法是太極拳教學中，最重要和最普遍採用的教學法之一。

● 通俗易懂，具體生動

講解要求盡量使用通俗易懂的語言，盡可能具體、生動、風趣，力求精講多練；要深入淺出，不能長篇大論或故弄玄虛。太極拳本身用的「貓行」、「抽絲」、「行雲流水」等詞彙，就很具體、準確。

● 重點突出，鼓勵提問

一堂教學課，只能重點解決一兩個問題，要根據每一堂課的內容，講清楚一兩個問題，千萬不要想面面俱到，無邊無際，這樣只會讓學生聽得一頭霧水、無所適從。課堂中，要留足夠時間讓學生提問，不能採用填鴨式的教學。

● 鼓勵為主，快樂教育

學生練習過程中，教師要及時給予鼓勵和肯定，幫學生建立起學會、學好的信心。教師要想方設法發現學生的優點並加以提升，也可用提問、答疑、互教互學等方式，激發學生的興趣，然後再重點講解與評論動作要點及其修正的方法。

教師要把枯燥的練習變成快樂的活動，把枯燥的內容說得生動。有時候，教師可以透過敘述故事的方式來闡述觀點；有時候，改用調侃的方法來調節氣氛。千萬不要只挑錯誤講，讓學生誤認為自己一無是處，因而喪失興趣和信心。

•因材施教，方法多樣

講解的深度和廣度要根據學生的能力和現狀來定。對初學者，特別是少年及兒童，一定要簡明扼要，盡可能風趣、具體；對知識分子，要適當多講拳理、力學和健身原理等；對年長者，可偏重養生、防治疾病和延年益壽等方面；對高階的拳友，應側重於勁道、意識、氣質、韻味和神采等方面。講解的形式可多樣化，如我講你練、我練你講、他練你講、練前先講、邊練邊講、練後自述、練後講評等各種方式。

•結合示範，結合攻防

初學者做上下「抱球」時，往往上手過高，甚至揚肘。這時候，教師可邊示範，邊講解「上手應與胸同高」，而不是與肩同高，並微沉肘。一是利於「氣沉丹田」，利於健康，也利於下盤穩固，二是防止肋部被對手攻擊。教師可以找一位學生一起邊示範，邊講解，讓其他學生也都能一目了然。

示範法

示範法是太極拳教學中最常用、最直觀的方法，由教師（或指定的學生）直接做動作示範。透過觀察示範，學生可以獲得直觀的視覺印象，以及正確的動作概念，進而理解動作要點，然後經由自行練習，逐步掌握動作。

• 目的明確，與講解相互配合

示範與講解密不可分，二者內容要一致，相得益彰。教師每次示範，都應有明確的目的，是要讓學生看動作的全貌，還是看某個局部；是重點看手法，還是突出步法，教師都要心中有數。

比方說，初學「雲手」動作，手部動作變化較多，那麼就可以原地做手部轉動的動作；也可先以正常速度示範之後，再慢速示範，讓學生能更清晰地觀察，便於模仿；等到掌握了上肢雲轉後，再學步法，最後再結合上下肢的動作。

• 正確、優美，注重品質

教師的示範是學生學習的典範，所以教師需要認真備課，加強自身的示範的能力。在為學生示範時，應力求準確、優美、大方，幫助學生一開始就建立起正確的動作表像，激發起學習的興趣，產生強烈的求知欲。

• 注意示範的位置和方向

教師示範的位置，應該以讓每個學生都能看清楚為原則。一般來說，在隊伍前方或中間示範最好。如果學生人數很多，也可以圍成半弧形，教師同樣在中間示範，讓前幾排的學生蹲下或坐下看。一般多採用「正面示範」、「側面示範」、「背面示範」和「鏡面示範」等方法。例如，教「倒卷肱」動作時，可先側面示範，然後正面示範時，觀察上肢一推一拉和腳步動作。

• 多樣呈現，力求互動

可以用正常速度示範，也可以放慢速度示範；可以整體示範，也可以強調局部；還可以邊講解，邊示範。讓學生都動動腦筋，主動地參與講評，提高分析動作的能力。

領做法

領做是教師（或指定的學生）在隊列前做動作，全體學生跟著模仿練習。領做法特別直觀、具體，如同書法的臨摹一樣。領做法尤其適合用來教初學者，特別是兒童，透過模仿有助於他們更快地掌握動作。

• 領做的位置要方便學生觀察

領做的位置十分重要，原則就是要方便學生能邊跟著練，邊觀察領做者的動作，而不需要扭著脖子回頭看。領做者可以根據套路的變化，適時地變換領做的位置。

◆ 下面以「24式太極拳」為例，圖中「△」代表領做者，「○」代表助手，「×」代表學生。

❶ **起勢→白鶴亮翅**　領做者在隊列的左前方。

```
        △
            ×  ×  ×  ×  ×
            ×  ×  ×  ×  ×
```

❷ **白鶴亮翅→左攬雀尾**　領做者應移至隊列的左側。

```
            ×  ×  ×  ×  ×
        △
            ×  ×  ×  ×  ×
```

❸ **右攬雀尾→單鞭（首個）**　領做者應移至隊列的右前方。

```
                            △
            ×  ×  ×  ×  ×
            ×  ×  ×  ×  ×
```

❹ **雲手→雙峰貫耳**　領做者再移至隊列的左前方，接著移動至右後方領做右蹬腳。

```
        △
            ×  ×  ×  ×  ×
            ×  ×  ×  ×  ×
```

❺ **左蹬腳→左下勢獨立**　領做者先讓助手做回身，教師則移至隊列右後方。

```
                ○
            ×  ×  ×  ×  ×
            ×  ×  ×  ×  ×
                            △
```

❻ **右下勢獨立→閃通背**　領做者移至隊列右側,再移動至左側接轉身。

```
× × × × ×        △
    × × × × ×
```

❼ **轉身搬攔捶→如封似閉**　領做者移至隊列左側,再移動至正前方接十字手。

```
        × × × × ×
△       × × × × ×
```

❽ **十字手→收勢**　領做者移至隊列正前方。

```
        △
    × × × × ×
    × × × × ×
```

• 變換領做位置,要與口頭提示互相結合

教師在變換領做位置期間,要邊移動,邊口頭提示動作的注意事項,這樣能在移動位置時,避免出現講解的空檔。充分利用移動的時間,提醒學生應該注意的問題。另外,領做者與隊形之間要保持適當的距離,讓後排的學生也能看清動作;如果遇到複雜的組合,教師也可變換不同角度,多次領做。

• 領做與講解法、示範法結合

領做法通常與講解法、示範法配合起來,交替運用。偶爾,也可以讓動作較好的學生來領做。這樣既可以培養學生的能力,又讓教師有時間觀察學生掌握動作的情況,綜觀全局,發現學生普遍共有的問題,一起解決。

分解法

分解法就是把一個完整的動作，分解成幾個部分來教學，其特點是拆解複雜的動作，讓動作相對簡單明瞭，特別便於初學者掌握。

•「小分動」分解法

將一個完整動作分解成幾個小分動，如「24式太極拳」中，從「右蹬腳」接「雙峰貫耳」的過程，可以拆解成三個小分動，即**①收腳落手→②邁步收手→③弓步貫拳**（或稱「邊弓邊貫」）。這樣的分解有利於學生掌握動作過程的細節，把動作做得更準確。

• 上下肢分解法

如「24式太極拳」中，從「左野馬分鬃」接「白鶴亮翅」的過程，上肢動作可分解為三個分動，即：

❶ **左轉迎掌**：上身微往左轉，同時左掌翻掌往下，右掌翻掌上迎，兩掌掌心斜相對。

❷ **右轉領手**：上身右轉，右手上領，左手先跟後微分。

❸ **左轉分掌**：上身左轉正往前，同時兩掌外分，右掌領於右額前，左掌按於左胯旁。

下肢動作也同樣可分解成三個分動，即：

❶ **左轉跟步**：重心左移，上身微左轉，右腳前跟半步，前腳掌著地。

❷ **後坐右轉**：重心移至右腿，同時上身右轉。

❸ **左轉左虛**：上身左轉往正前方，同時左腳稍往左前移動，前腳掌著地，微屈膝成左虛步。

上下肢分解練習之後，為了理解動作的整體性和連貫性，應該盡快將上下肢動作結合起來練。這樣從「左野馬分鬃」接「白鶴亮翅」就分解為：① **跟步左轉迎掌**→ ② **後坐右轉領手**→ ③ **左轉虛步分掌**。必須知道：「分解」只是手段，「完整」才是目的。一旦分解動作基本熟練，就應該及時過渡到完整動作。

• 分解與提示、口令互相結合

在教學中，分解動作還應該與語言提示、口令結合運用。一個動作再分為幾個小分解動作，每次練習應該盡可能一致。分解法與講解、示範、領做等方法，也必須緊密結合，穿插運用，這樣才能更好、更快地掌握動作。

正誤對比法

透過對比，往往可以讓一個事物比較容易地分清優劣高低。對比正確動作與錯誤動作，讓學生確實知道錯誤在哪裡，就能更準確地掌握動作。

• 抓住共同點，對症下藥

不同的階段，學生會出現不同的動作錯誤，教師一定要抓住該階段最常見的問題，加以解決。例如，初學者大部分都有動作路線、方向及力點不清的問題，在此階段的修正錯誤重點就要放在這裡。如果此時過於講究協調、眼神、意識等問題，那可能揠苗助長。所以，確保每個階段應該著重的點，都有注意到。

• 掌握進度，注意分寸

初學者通常要求要學得多一些、快一些，希望教師「再往下教一點吧」。教師要掌握好教學進度，首先要確保教學品質，不能只求快，否則會出現不少錯誤的動作。錯誤動作不及時修正，日後改起來比較難，甚至事倍功半，正所謂「學拳容易改拳難」。

值得注意的是，正誤對比法要突出「正」，以「正」來糾「誤」。教師不要過多模仿學生的錯誤動作，而要以示範正確動作為主。另外，教師在模仿個別學生錯誤動作時，務必掌握分寸，注意語言的表述和面部的表情，以免讓學生誤以為被諷刺、醜化。

• 要把類似的、易混淆的動作進行分析比較

在 24 式太極拳教學中,「野馬分鬃」與「掤」的前手動作容易混淆,「如封似閉」和「按」的動作也經常混淆不清。這就需要教師將二者加以比較分析。

「野馬分鬃」與「掤」的不同點	
野馬分鬃	**掤**
1. 前臂稍往外,前手高與眼平,掌心斜朝上。 2. 動作開展,有斜靠勁,力點在肩與大手臂後部。 3. 兩腳跨度大,轉腰幅度也大。 4. 主攻,靠擊對方。	1. 前手高與胸平,掌心朝內。 2. 前臂成弧形,往前上方掤起,力達小手臂。 3. 兩腳跨度和轉腰幅度略小。 4. 主防,迎住對方進攻,也可以掤攻。

「如封似閉」與「按」的不同點	
如封似閉	**按**
1. 「搬攔捶」之後,要掌心朝上回收。 2. 邊收,邊分,邊翻轉。 3. 肘開大於手開。 4. 一邊內合,一邊前推,主在「合推」。	1. 「擠」後,變掌心朝下回收。 2. 兩掌左右平分,略同肩寬。 3. 肘、手分開略同。 4. 先往下,再一邊向前,一邊向上推按,主在「掀推」。

以上兩組動作的異同點,教師可以透過示範和講解讓學生明白,特別是結合攻防來講解,學生的接受度會更好。

切塊提高法

　　太極拳傳統的教學方法多是全套練習法，即每次都是從「起勢」打到「收勢」。全套訓練法必不可少，尤其在比賽前或表演前應該多採用。但是，在平時練習中，就不能千篇一律，而可以經常採用「切塊提高法」。

　　切塊提高法，就是將一個完整的套路分成數個「塊」來練習，一般分成「**小塊**」、「**中塊**」、「**大塊**」。

　　一般3～5個動作組合，就叫「組合練習」，也可叫「小塊」。例如，24式太極拳第一段，就可以切成兩小塊：第一小塊為「起勢」至「白鶴亮翅」，其中有三個動作；第二小塊即從「白鶴亮翅」開始，接左右「摟膝拗步」至「手揮琵琶」。

　　「**中塊**」一般指套路中的一個段落。例如，24式太極拳全套共四個分段，每段都構成一個中塊，中塊再切幾個小塊。第四段內容較多，且相對較難（如「左蹬腳」和「下勢獨立」等），共有十個動作，一般可切成3～4個小塊來進行教學。

　　「**大塊**」一般由兩段組成，如孫式太極拳全套共六段，則可以兩段，也可三段組成一個大塊。

　　切塊教學的目的是集中力量打殲滅戰，避免了想面面俱到，反而顧此失彼。切塊提高法是由易到難、由簡到繁、由已知到未知，以循序漸進的原則來教學。在運用「切塊提高法」時，可以引進量化的機制。對青少年進行太極拳教學時，還可以加入競爭的機制。例如，教「金雞獨

立」時，在正確動作的基礎上，可以讓學生比賽站穩的時間。集體練習時，也可以由教師數秒，看誰站得時間長。又比如做「蹬腳」的動作時，看誰做得既高又穩，然後加以講評，甚至可以用小獎品加以獎勵。

這種帶有競爭性、挑戰性的教學方法，更適合於朝氣蓬勃的青少年。筆者在美國、加拿大和阿根廷等國教學中嘗試這種教學方法，發現它很能激發學生練習的積極性，也活躍了課堂的氣氛，後來在許多教學現場運用，同樣都有顯著的效果。

不少太極拳活動，往往音樂一響，拳友們便一套接一套地練下去。這對於活動肢體來說，無可非議，但對於提高能力則不是最佳的練習方法。當太極拳隊伍有表演或參加比賽時，可由隊長、副隊長輪流當教練，依照「切塊提高法」的方法，按負責的項目、時間、現狀來訂立練習計畫，從切小塊、中塊、大塊再到全套練習，只要科學化地、合理地練習，都可以取得事半功倍的效果。

阻力糾錯法

阻力糾錯法是筆者在數十年的太極拳教學經驗中,總結出的一種方法。所謂「阻力」,就是用一定的力量來限制某些部位的動作,以形成正確的動作定型。

• 調節腿部運行的速度

許多學生上、下動作不協調,往往是下肢動作快、上肢動作慢,儘管教師反覆講解要「一動百動,一定百定」,但仍難以改善。例如,做「摟膝拗步」、「擠」、「按」和「雙峰貫耳」等動作時,學生(尤其是初學者)總是先弓好腿,再做手部的動作。此時,教師可以下蹲,用手輕推學生前弓腿的脛骨;當學生做「摟膝拗步」、「擠」、「按」和「雙峰貫耳」時,教師邊輕推其脛骨,邊口頭提示「弓腿慢一些,手動作快一些」,學生通常就能很快地理解正確的動作要點。

• 阻止或限制過大的手部運行幅度

42 式太極拳第一段「弓步擠」接「單鞭」的過程中,由後坐右臂劃弧、接往右斜前方推掌的動作,有的學生劃弧的弧度過大,造成仰身歪體,破壞了太極拳「立身中正」的原則。當學生做「後坐右臂劃弧」時,教師可以站在學生的側方,以左掌輕輕地推擋學生的右前臂,限制其過大的運行路線,仰身歪體問題也就迎刃而解了。阻力糾錯法應與口頭提示結合運用,才能達到預期的效果。

• 在體驗攻防含義時，運用「阻力法」

做「擠」和「搂」的動作時，有些學生只注意上肢的動作，而未用上腰、腿的力量，教師可在其身前，用手適度給以阻力，並說明要用蹬腿、順腰的力量來「擠」、「推」。當學生做出正確動作時，教師則應順勢後退，移動重心，並以口頭給予肯定。

再如做「捋」的動作時，有些學生只用手的局部力量硬拉，教師則應用阻力，說明應如何坐腿轉腰，以腰腿的勁來帶動臂下捋。當學生正確掌握後，教師則配合往前移動重心，被牽動。

教師和學生也可以互換角色，體驗「捋」或「被捋」的感受！若學生人數較多，也可讓學生之間相互體驗，教師輪流予以指導，師生間及學生間的互動十分重要。需要特別注意，教師給的阻力一定要適度，而且要因人而異，否則就事與願違了。

另外，還可以運用助力糾錯法來修正錯誤動作，如做「單鞭」動作時，初學者通常不動腰就先動腿，而導致兩腳成一線，動作不協調。此時，教師可在學生身後，用雙手扶其兩胯外側助力，讓其左轉腰胯。這樣一來，學生就能更容易地領悟到這個動作的要領。

教具引導法

　　教師在太極拳教學實踐中，要勇於探索與創新。用很簡單的教具來引導或限制動作，有時候只是一把尺、一個小球、一根短棍，就可以讓學生準確把握動作，達到意想不到的效果。

● 「一鞭多用」或「一尺多用」

　　筆者的美國學生送給筆者一根能伸縮的教鞭，很好用。初學者做弓步時，兩腳容易走成一條直線，教師可以用教鞭（或長尺）豎放在前後兩腳間比劃，具體、直觀地指出問題所在。

　　學生在做「野馬分鬃」或「提手上勢」時，教鞭可置手指尖與眼眉同高的位置來檢查和引導。學生在練習進步、退步時，教師可將教鞭置其頭部上方，學生一旦重心升高，頭部就會觸碰到教鞭。此時，教師就可以提醒學生注意重心平穩，不可起伏。教鞭在教學講座中，還可以有指示的功能。

• 小球的用途

一個小球也可以發揮不小的作用。例如，做「外擺蓮」動作時，教師可將球（或繫一條短繩的小球）放於學生身前與胸部或頭部同高處，引導學生做外擺蓮時，用腳觸碰球。隨著學生腿部柔韌性的提高，球的位置也隨著升高。也可以將球加上桿子或短棍來進行練習，既要求外擺腿能過桿子，又要腳觸到球。從教學現場實驗可證明，用球或桿子來引導練習，能提高學生們練習的興趣，活躍學習氣氛。

• 教具的引導要與提高能力互相結合

教具只能起到引導的作用，最根本的還是要提高能力，如「走貓步」時若上下起伏，很可能是腿部力量不足，那就要透過站樁等方法來解決。外擺蓮時腿擺得不高，多半是因為腿部柔韌性比較差，那就要用壓、耗、震、搬、擺、踢等「六字訣」的方法來解決。增強學生的柔韌性、協調性、力量、速度、耐力等能力，才是根本的解決之道。

攻防體驗法

攻防技擊是武術運動的本質屬性，太極拳是武術運動的一個項目，所以它的動作也同樣具有攻防技擊的含義。攻防體驗法就是讓學生瞭解和體驗動作的攻防內涵，進而準確地掌握動作要點。

• 師生互換攻守角色

許多人在學太極拳時，只是擺架子，或者僅僅注意動作外觀的大方、美觀，而不瞭解動作的攻防內涵，體現不出動作的勁力，太極「拳」練成太極「操」。

所以，當學生基本會做動作後，教師就應該適時講解和示範攻防作用。教學中，師生互換攻守角色十分重要，要讓學生親身體驗進攻與被進攻這兩種感受。學生人數多時，可以兩兩一組，相互體驗攻守的內涵。這種方法有利於提高學生練拳的興趣，增加學習的熱情。

• 用力要適度，預防蠻力對抗

運用攻防體驗法時，一開始就要提醒學生用力要適度，點到為止，切不可用拙力或蠻力對抗，避免造成傷害事故。尤其對男性學生要特別強調，認識和體驗攻防含義，目的是準確地掌握動作的方向、路線和勁力，再進一步領悟其武術的意識，而不是鬥力、鬥氣。

• 將容易混淆的動作區分開來

要注意將容易混淆的兩個動作的攻防含義搞清楚，如「野馬分鬃」與「掤」的用力部位，要透過攻防體驗讓其區別開來，「如封似閉」和「按」的攻防特點，也應該區分開來。

影像分析法

藉由看影片來進行技術分析的優點很多，一是可以反覆看，很直觀；二是可以放慢速度、甚至定格來看，看得更細緻、更準確。現在不少拳友把影片存在手機裡，這樣更方便於在空閒之餘觀看。

• 多觀看名家和優秀選手的影片

看影片要有所取捨，在楊、陳、吳、武、孫和綜合等各種流派中，選擇自己較喜歡或擅長的流派，重點觀看該派名家或選手的影片，不僅揣摩其動作的外形，而且要學習其中的動作和手、眼、身、步的配合，進一步學習意識、氣質、韻味等。特別是一些動作的銜接、平衡、騰空等一剎那動作，影片可定格分析，有利於我們揣摩關鍵技術。觀摩時，如能有教師能在旁邊點撥則更好。

• 多看自己的動作影片

自身的動作往往是平時難以看到，對照鏡子也很難看清動態中的細節。影片的優勢在於可以反覆細看自己的套路，或某一片段的動作影片，分析其長短。還可以交叉播放名家、選手與自己的影片，這樣更能直接地加以比較，以便取他人之長，補自身之短。觀摩時，如有教師在旁邊指導，或與教師、同伴討論自己的動作的長短，則更有利於精進。

• 手機拍攝資料可以作為補充

可將自己崇拜的名家、選手的書籍、掛圖、照片或影片檔案存在手機中，隨身攜帶，隨時揣摩。

綜上所述，太極拳教學法是每位合格的太極拳教師教學時的技巧與方法，每位教師都可以充分發揮專長，讓學生更好地掌握太極拳。以上介紹的十種教學方法，應該說是基本的教學方法，還有一些方法沒有歸納進來，如分組複習法、口令指揮法和教學比賽法等。這些都是行之有效的教學方法，既相互區別，又相互聯繫，教師要善於融會貫通，合理地運用，重要的是要靈活多樣，講求實效。

同時，教師要貫徹教「拳」育人、鼓勵為主的原則，貫徹啟發自覺、主動學習的原則，貫徹循序漸進、個別對待的原則，既要嚴格認真，又能生動活潑。

最後，教師要處理好幾個「結合」，如**講解與練習結合、知識與技能結合、直觀與思維結合、感性和理性結合、糾錯與提高結合、觀摩與評比結合**。師生互動的精神應該貫穿整個教學過程，充分激發師生的積

極性,確保學生能在較短的時間內,很快地掌握太極拳的知識、技能和技術,確保教師有效率地、優質地完成教學任務。

附錄 名家解疑

如何科學化地練習太極拳,來預防膝關節損傷?

現代人練習太極拳的主要目的是健體強身,「想推用意終何在,益壽延年不老春」。可是,許多人練太極拳的健身效果並不明顯,甚至有人練出了一身的傷病,比如膝關節疼痛。這不是太極拳的錯,而是這些人未採用科學方法來練習太極拳!

不科學化地練習太極拳就會引發膝關節疼痛,大多是因為練習時,下肢的承重比較大,尤其是經常一條腿支撐體重,膝關節的負荷量太大。這多數是慢性的勞損,表現為膝關節間隙壓痛,或者出現半蹲位痛、關節腫脹、內側和外側的副韌帶扭傷、關節腔的積水等問題。

膝關節是下肢運動的一個樞紐,練習太極拳則需要保持膝關節的健康。筆者從十幾歲開始練習太極拳,練了 62 年,從未間斷過,至今也沒有膝關節疼痛的現象。筆者培養出來的幾位太極拳世界冠軍,也都沒有膝關節疼痛的問題。這就證明,只要科學化地練習太極拳,可以有效地預防膝關節損傷。根據筆者個人經驗,歸納出以下能預防膝關節損傷的七種方法。

❶ **練習太極拳之前,要做充分的熱身運動**。許多人沒有意識到練拳之前做熱身運動的重要性。有的人脫下外衣就上場打拳,渾身的肌肉、關節、韌帶組織以及神經系統,都還沒進入運動狀態,不僅不能發

揮出拳藝的最佳水準，而且也很容易造成傷害事故，首當其衝的就是負重量最大的膝關節。這是引起膝關節慢性損傷的首要原因。

練拳之前一定要做準備活動，讓身體充分預熱，從上到下，各個關節都要活動開。活動的幅度和力量，要由小到大，要特別注重膝關節的活動。**一般要做至少 10～15 分鐘的熱身運動**，身體微微發熱即達到效果。

❷ **動作要準確規範**。正確的下肢動作是腳尖要和膝蓋正相對，**膝蓋不能超過腳尖**。可是，有些人練拳時，膝蓋往往會超過腳尖，認為姿勢越低越好，步伐越大越好，這就超過了膝關節的承重能力。

另外，**在動作運轉過程中，要用腰帶動，即「主宰於腰」**。可是，有人用膝關節的扭動，來帶動上下肢的動作，這是錯誤的。在運動過程中，還會出現「跪腿」現象，也就是膝關節過分外張和內扣，這就造成了膝關節內側和外側韌帶不合理的拉伸。錯誤動作在套路中多次出現，長此以往，就會造成膝關節慢性損傷。再者，做陳式太極拳的震腳動作時，在水泥地或石板地上震腳，也會引起腳後跟和膝蓋疼痛。長期如此練習，還會傷害大腦。即使在木板地、土地上練震腳，也要適度。

❸ **練習多個套路時，中間一定要放鬆一下**。有的人晨練時，打太極拳一套接著一套，中間沒有休息，腿部的負擔不斷加大，這是引起膝關節疼痛的另一個原因。筆者在教學時，特別注意運動中間的休息調整，**練完一套或者一段，都要拍打膝關節兩側，或者抖動大腿，讓腿得到休息**。建議將來在太極拳的配樂當中要加上「拍打膝關節」等口令，提醒大家中間休息放鬆。

❹ **練習完畢要做收操活動**。很多人練習太極拳，沒有注意練完拳後的放鬆收操活動。其實，這種收操活動很簡單，也就是**拍打大腿，揉揉膝蓋，踢兩下腿**。只要兩三分鐘，就能讓身體恢復，膝關節也得到放鬆。

❺ **練拳的運動量要循序漸進，因人而異**。架子的高低、練拳的數量和強度，都要根據自己的情況來設計。許多人是步入中老年後才開始練太極拳，筆者建議這些人初學時，架子要高一些，不要與旁人比較，練習要由易到難、由少到多。隨著體能的提升，架子再放低一些。**拳架的高低要適中，數量和強度要適當，這是保護膝關節的重要措施**。

❻ **常練樁功，增強膝關節周邊肌肉、韌帶的力量**。老一輩太極拳家都很重視腰腿的基本功訓練，比如練習貓步、樁功，能夠增強腿部肌肉、韌帶的力量，進而發揮保護膝關節的作用。所以，他們都沒有出現膝關節疼痛的現象。但是，筆者反對站死樁。筆者訓練的方法是：**每次站樁的時間不超過半分鐘，放鬆一下再站樁**。這是「短站多組法」，也叫「站活樁」。

有些人不重視基本功的練習，不重視樁功的練習，一開始就直接練習套路，腿部的肌肉、韌帶不適應套路的負荷量，就很容易造成膝關節損傷。因此，走走貓步，站站樁，這些太極拳基本功的練習，非常重要。

❼ **注意放鬆按摩保健**。每天練完太極拳後或者在沐浴後，可以按摩腿部肌肉，幫助放鬆，特別是要注意膝關節的按摩。可以用兩掌的勞宮穴按摩膝關節的四周，每次按摩 5～10 分鐘。每天堅持按摩，促進膝關節周圍血液的循環，預防膝關節疼痛。還可以**用其他手法按摩，比如點按除濕散寒、推滾舒筋活血，揉搖滑利關節等**。

按照上述的七種方法去做，練習太極拳就不會產生膝關節疼痛的現象，即使有些人已經出現了膝關節疼痛的現象，也能緩解疼痛。另外，如果膝關節疼痛是由缺乏鈣質、骨質疏鬆引起的，那就要適當補鈣。

綜上所述，引起膝關節疼痛的原因有多種，防治膝關節疼痛的方法也應該是多樣的，要多方面來綜合防治，更要科學化地練習太極拳。

如何做好太極拳的「折疊轉換」？

　　折疊轉換是太極拳很重要的一個問題，因為所有的太極拳套路，動作和動作之間都需要銜接，也就都存在著折疊和轉換。所有流派的太極拳都有折疊轉換的要求，陳式太極拳快慢相間，蓄發相變，在折疊轉換的形式上表現得更突出。因此，我們練習太極拳要注意銜接的合理性，應當銜接流暢、運轉靈活、穩健圓潤，表現出太極拳動作的協調完整性。

　　❶ **虛實含展，以腰為軸，圓潤靈活**。在動作轉換銜接中，要體現穩、靈、圓。穩，就是要沉著穩健；靈，就是要輕柔、靈活；圓，就是要圓潤，或者叫圓活飽滿，不留死角。因此，我們在銜接轉換中，不能強扭硬轉，否則動作就容易呆板。比如「右掤」接「左捋」時，初學者容易直接就捋下來，動作呆板。應當在掤完後，腰部微微右轉，引領上身右轉，右臂、右腕也微微往右旋轉，然後，兩手一起向左下捋。轉動時，不能不動腰而單純用手來轉動，要注意以腰為軸、以手引勁。

　　所謂「以手引勁」，就是梢節領勁。太極拳的動作大都是透過手表現出來的，有「形於手」的說法。「手引勁」和「腰為軸」兩者是相輔相成的。有些人只注意了腰為軸，忽略了手的領勁作用，動作就不可能做得飽滿圓潤。**手的引勁和腰的運轉要配合起來，動作的銜接轉換才能圓潤飽滿。**

　　「虛實含展」指要有虛實開合的變化，比如右掤是實的，左捋也是實的，但右掤轉左捋的銜接轉換，是虛的。虛實變化，要表

現出「運柔落剛」。含和展就是開合，也是一個虛實的轉換，要有陰陽的變化。太極拳陰陽變化是總綱，**在陰陽變化中，有不同勁力的體現**。不懂得轉換中的虛實變化，做出來的動作就沒有韻味，體現不出太極拳應有的勁道。

比如做「左摟膝拗步」時，左手摟，右手在運行的過程中是斜著往前的，到定點的時候，有一個沉腕舒指的動作；在身法上要鬆腰沉胯、沉肩墜肘；在運行中要柔，落點要有一點剛，體現出「柔行氣剛落點」。

打太極拳，每個動作要做到位，然後折疊轉換接下一個動作，這樣銜接比較合理。如果沒有剛柔變化，就體現不出折疊轉換。在虛實的轉換過程中，要穩中求靈，靈中見穩，做到穩健、輕靈、圓活。

❷ **要欲左先右，欲右先左；欲前先後，欲後先前；欲上先下，欲下先上，變化巧妙**。24式太極拳的「白鶴亮翅」接「左摟膝拗步」，如果右手直接下落接「摟膝拗步」，就體現不出折疊轉換。應該是先微微含胸，身體左轉、再右轉，做到欲右先左，最後左摟右推。這裡的動作運行路線是左—右—左。這種欲右先左、欲左先右的動作路線，就是折疊轉換。這和書法一樣，比如寫筆畫「橫」，欲右先左，藏鋒入筆，中鋒往右行筆；收筆時，又要往左回鋒。

❸ **左右變化，銜接流暢，中正安舒**。左右動作的銜接要流暢，做到左顧、右盼、中定。同時，要視具體動作而定，有些動作是先左後右，有些動作是先右後左。**在照顧到左和右之後，再達到中定**。這樣，動作才能飽滿圓撐、舒展大方。

有些人練拳會出現「缺左」現象，即注意了右邊的手腳，忽略了左邊的手腳，動作不飽滿。比如，24式太極拳的「野馬分鬃」接「白鶴亮翅」，有人直接跟步，領手右轉，再往左轉正，這裡缺一個「左」。正確的做法應該是先跟步，迎手時，身體以腰為軸微微左轉，再後坐，

右手領勁右轉。然後，活步左轉身，掤臂，形成「白鶴亮翅」定勢。

這裡有三個分動，第一動是「跟半步」，腰帶著微微左轉，右手往左上引領；第二動是「後坐」，右手領起來右轉；第三動是「左轉身」，兩臂對拉、對撐，形成白鶴亮翅。這三個分動即左顧、右盼、中定。

再如42式太極拳的「單鞭」接「提手上勢」，第一個分動應該是「右擺」；第二分動是「重心左移，左帶」，隨著左臂，目視左前下方；第三分動是「右提手」。這裡是先右後左，再轉正。許多人忽略了「左帶」這個動作，又是「缺左」。

所以，練習太極拳要注意左和右的對稱，不管是「左—右—正」，還是「右—左—正」，都要注意到相反方向的對撐勁，然後再做到「中正」。

總而言之，折疊轉換要注重以腰為軸，腰為主宰，銜接中體現出虛實變化；要求流暢之中見變化，沉穩之中見靈活，圓潤協調，完整一氣。

如何理解「氣遍身軀不稍滯」？

「氣遍身軀不稍滯」這句話來自《十三勢歌訣》，前面還有一句「變換虛實須留意」。這兩句話要連在一起理解，意思是說練習太極拳，要在虛實的變換中，氣遍周身，不能有絲毫的呆滯。

太極拳所謂的「氣」，是受「意」的引導，用意是主要的，要「用意不用力」。所以，「氣遍身軀不稍滯」的意思是「意達全身，不能有稍微的停滯」。

在意念的引導下，全身協調配合，進行連綿圓活的運動，才能做到形、意、氣的高度統一。在這裡，「氣」不僅僅指呼吸之氣，還指中醫

的內氣。中醫講「氣為血之帥，血為氣之府」，這裡的氣是指引導著血液運行的能量。氣血不通會致人得病。

太極拳在意念引導之下，透過呼吸使內氣遍布周身，改善血液循環，疏通經絡，維護人體健康，延年益壽。這就是練太極拳能夠健身養生的關鍵。

如何做到「氣遍身軀不稍滯」呢？筆者認為有以下五點：

❶ **用意行氣**。氣受意的指揮。太極拳講「以心行氣，以氣運身」，心，就是心意；「神宜內斂，氣宜鼓盪」、「全身意在神，不在氣，在氣則滯」，不能過分地關注氣，否則會出現滯拙的現象。用意來指揮，則神氣靈活。

如何用意呢？**首先，要心靜、體鬆，排除雜念，專注地練拳。其次，要把心意、氣息和動作運用得當，相互協調**，這樣就能內外兼修，形神共養。同時，心靜用意，能夠疏通大腦的微血管，確保大腦有足夠的供血量。所以，人們把太極拳比喻成鍛鍊大腦的體操。

❷ **氣沉丹田**。練太極拳強調腹式呼吸，只有氣沉丹田，才能氣遍周身。丹田是人體的重要部位，經常透過太極拳運動做腹式呼吸，能夠加強內氣的運行，更好地改善全身的血液循環。

❸ **留意身法**。在身法上，要注意「以腰為軸」，注意胸腹的虛實含展，注意動作的開合，節節貫串。做好手眼身步的配合，以及胸腹的虛實含展，用腰的轉動來帶動四肢的運動，是「節節貫串」的關鍵。太極大師武禹襄說：「其根在腳，發於腿，主宰於腰，形於手指。由腳而腿而腰，總須完整一氣。」這句話說明如何做到完整一氣，手腳如何配合協調。「刻刻留心在腰間，腹內鬆靜氣騰然」，說明太極拳要求中空，重點在腰間。**胸腹的虛實含展和腰的轉換配合起來，動作才能協調，氣血才能通暢，才能達到「氣遍身軀不稍滯」**。

❹ **柔行氣，剛落點**。練習太極拳要柔中寓剛，方圓相生，不能平鋪直敘。**動作運行中的柔和，與定點時的微微下沉發勁，要結合起來**。這種剛柔相濟的練習方式，要求把虛實變化表現清楚，把剛柔表現出來。

❺ **飽滿圓撐**。動作上的飽滿圓撐，有利於氣遍身軀。練好太極拳，不僅僅要舒展大方，還要飽滿圓撐。有些人把太極拳的柔變成了軟，表現為軟塌無力；有些人片面講究內勁，把太極拳的動作做得僵硬了；有些人，特別是女性拳友，為突出太極拳的鬆，而練成了鬆懈。

太極拳應該是鬆而不懈、柔而不軟、剛而不僵，關鍵要飽滿圓撐。其中，**最重要的是「掤勁」，還有欲前先後、欲左先右、對拉拔長**。能做到這樣的飽滿圓撐，就能達到「行氣如九曲珠，無微不到」。比如做「搬攔捶」，右手往右後方搬壓，左手往右前方攔，都是為了最後右手往前打出，這就是「欲左先右，欲前先後」，有一個對撐勁。這樣往復折疊，一氣呵成，飽滿圓撐，實現「氣遍身軀不稍滯」。

總之，要做到「氣遍身軀不稍滯」，除了**呼吸要深長勻細，更重要的是意念的配合、腰的轉換、胸腹的含展，以及剛柔的配合、前後左右的協調對稱**。

如何理解「內練一口氣」？

常言道「內練一口氣，外練筋骨皮」。練太極拳和氣功，不僅練習外在的肌肉、骨骼、韌帶等，而且通過外在的運動，以意導氣，最終練習內在的精氣神。

精，是精微物質；氣，是精微物質產生的一種能量，是人體活動的動力；神，是內氣的外在表現。內氣是太極拳主要的修練對象，也是一

種內在的生命能量，內氣和人體的生命活動是緊密聯繫在一起的。人體衰老，首先是氣虛至竭、精氣不足、精神萎靡。**練氣，就是要把內氣練得通順、充盈、和暢**。在這個意義上講，氣為萬物之本，也是生命之本。

氣和形又是密不可分的。因此，不能孤立地講氣。太極拳動中有靜，靜中有動，在動作當中練習內氣，它是形、氣、意並練。內氣對人的健康和生命關係重大。因此，我們在修練太極拳時，要運用正確的方法修練內氣。

❶ **自然和順**。初學太極拳時，不要刻意去追求某種感覺，而是要隨著動作自然呼吸，不要刻意追求氣感、勁力等。刻意追求，矯揉造作，反而會引起氣滯。所以，為了內氣和順，練習太極拳首先要做到鬆和靜。鬆和靜，是太極拳的基礎，初級階段乃至高級階段，都離不開鬆和靜。只有做到了鬆靜，精氣神才能夠相隨，內氣才能自然和暢。

❷ **形氣並練，深長勻細**。在自然和順的前提下，形和氣要很好地配合，協調一致。具體到練拳實踐，就是要做到動作和呼吸的協調配合，基本上是**起吸落呼、開吸合呼、收吸放呼**。實際上，太極拳套路不是根據呼吸的規律來創編的，不可能每一個動作都完全能和呼吸相合。因此，我們只能做到大的動作和呼吸基本相合。同時，呼吸要深長勻細，實現腹式呼吸。所以，形氣並練，練的就是呼吸的深長勻細，進而能做到呼吸和動作的協調配合。

❸ **氣沉丹田，氣宜鼓蕩，氣貫周身，氣斂入骨**。氣沉丹田就是意想肚臍下的關元穴。太極拳講究腹式呼吸和逆式呼吸，從而達到氣沉丹田，使氣血內盈而不外溢。內氣鼓蕩，能使內氣運行周身，氣遍

周身。然後，收斂內氣，氣斂入骨，使內氣在身體內部充分地循環，加強了血液循環。「內氣鼓蕩」對內臟器官有按摩作用，內氣滋養全身臟腑，提高了各個器官的功能。

❹ **以意導氣，意氣相合**。內氣在體內運行，是在意念的引導下進行的。首先是意念引導動作運行，然後透過外在動作，引動內氣在體內運行，最後達到形、意、氣、神的高度協調。這是太極拳練習的高級階段。

太極拳動作緩慢，**內氣充盈，讓人有熱、漲、麻的感覺，即「得氣」**，使人的精氣神和外在動作相互協調，達到內外合一、形神合一、天人合一。三個合一，使人體和諧、協調、平衡，方可達到增強體質，延年益壽的目的。

為什麼要劃分「競技太極」與「健身太極」？

在概念上劃分「競技太極」與「健身太極」，不僅對現實生活中推廣太極拳運動有一定的指導意義，而且對今後太極運動的發展方向產生重要的影響，開闢清晰的思路。

一條思路是朝著競技的方向，即往「高、難、新、美」的方向去思考太極運動的發展。1956年以後，太極拳與長拳、南拳等項目共同確定為中國全國武術正式比賽項目，1985年起進入國際武術大賽的殿堂。自1987年至1996年的四屆亞洲武術錦標賽中，每屆都有太極拳這個比賽項目，從第四屆起增加了太極劍比賽項目。從1990年北京第11屆亞運會和1991年首屆世界武術錦標賽開始，太極拳都是正式比賽項目。競技太極已為人們所接受，將來更有極大可能進入奧運會比賽項目。

競技太極向高、難、新、美的方向，將不斷提出新的要求。所謂

「高」，就是要求更高、更規範化，在身體素質和心理素質上都提高要求。所謂「難」，就是加大難度，加進彈跳、旋轉、平衡，更突出量化的標準。所謂「新」，就是指創新，按照太極的規律和競技的要求，創造出更新穎的動作、組合及編排，以新取勝。所謂「美」，就是指動作優美、協調、布局合理。當然，這是對較高階的比賽而言，一般的比賽仍然以規定和自選套路為主。將來還可考慮吸取西方體育藝術的長處，比賽時，配上各具特色的、和諧的音樂，做到「洋為中用」，更能提高藝術性和觀賞性。

另一條思路是朝著健身的、非競技的方向去思考太極運動的發展。因為沒有勝負的壓力，所以在內容和形式上，都可以有更大的發展空間，也可以發動全社會力量，開辦太極養生俱樂部，吸引中老年人參加。以中國福建省來說，現有年長者近 300 萬，參加體育鍛練的約有 110 萬人，其中太極愛好者占多數。

對青年人和中年人來說，在緊張、快節奏的工作之餘，打上一套太極拳或太極劍，是極好的精神調節方法。在這個方向指引下，可出現調節情緒的「娛樂太極」；出現以修身養性、陶冶情操為主，與氣功相結合的「靜功太極」和「太極椿功」；出現結合配樂與燈光效果，更利於觀賞的「藝術太極」；出現輔助治療、祛病強體的「康復保健太極」；出現根據兒童特點編制的「太極棒幼兒操」；出現適合青年人，可以對抗的「太極球」，以及為身障人士特編的「坐式太極功」等。

健身太極更為寬鬆，身心皆鬆，心平意靜，幫助人們排除一切雜念，淨化心靈。這實際上有身心並練的效果，達到身心健康的目的。因此，**健身太極具有體育教育與復健醫療的雙重功能。**

筆者創編的頸椎功、拉筋拍打功、心臟保健功，以及「華武」系列扇、劍、桿和對練，都是在「健身太極」方面進行有益探索。這些內容

拍攝成影片，在社會上廣為流傳，得到了廣大拳友的青睞。

競技太極與健身太極既相互聯繫、相互滲透，又互相促進、交相輝映。**健身太極的發展，為競技太極的提高且奠定了堅實的群眾基礎；競技太極的提高，又指導和推動著健身太極的發展**。兩者概念的提出及內容的界定，將促使人們進一步開闊視野，開拓思路，讓古老的太極拳插上現代科學的翅膀騰飛，更好地造福人類。

如何看待太極器械的練習與作用？

太極器械是太極拳練習的重要內容之一，練習太極器械，可以增加人們習武的趣味，還可以讓人體會武術器械的攻防含義。

筆者認為，在太極器械練習當中，劍是主要的器械。這是因為劍的歷史悠久，劍的風格特點與太極拳的風格特點非常吻合。劍比較典雅端莊，而太極拳則柔美細膩。對於太極器械，目前中國國家規定的套路有32式太極劍和42式太極劍。

除了太極劍以外，在傳統太極中，還有太極刀、太極扇、太極桿、太極棍、太極槍等。有些太極流派還有雙劍、雙刀等；陳式太極系列中則有太極錘、太極鐧、春秋大刀等。總之，太極器械是非常豐富多采的。

關於太極器械，不得不談談傳統和時尚的問題。傳統和時尚是並非對立或互不相容的。不能認為傳統的就好，時尚的就不好；也不能認為時尚的就好，傳統的就不好。傳統和時尚都是持續發展的，過去的時尚，會成為今天的傳統；當今的時尚，也可能轉化為明天的傳統。比如，太極扇現在是時尚的，因為它攜帶方便，練起來很漂亮，具有很強的表演性和健身作用，但也許幾十年後，它就成為了傳統的東西。

傳統的東西同樣不斷在發展變化，有些傳統的東西，比如劍、槍、

桿、刀等被保留了下來，但有些東西就漸漸地消亡了，如大桿子、槍等長兵器，因為攜帶不方便，沒有那麼大的練習場所，練的人越來越少了。

所以說，太極拳的器械都帶有時代的烙印。傳統離不開時尚，時尚也離不開傳統。時尚的東西是從傳統而來，離開了傳統，就是胡編亂造。現代要創新一些東西，也都要從傳統中吸取營養。太極運動也在不斷地根據社會的需求而創新發展。傳統的東西必須發展，不能故步自封，才能符合時代的要求。

以下再談談練習太極器械的注意事項。

❶ **器械演練要把器械的特點和太極拳的特點充分結合**。武術的器械練習，總的原則是身械協調、身械合一。比如，劍法必須和身法相結合，刀法、桿法也必須和身法相結合。要注重貼身走立圓，還要配合虛實含展。同時，在練習器械的時候，一定要體現出太極拳的特點，要柔和緩慢，連綿不斷。比如，太極劍的典雅端莊與太極拳的「立身中正安舒」的特點是吻合的，在演練中就不能像長拳那樣快速多變。

再比如太極刀的演練，也要與太極拳的特點相吻合。武術有「劍似游龍，刀如猛虎」的說法，但是，太極刀就不能表現出「刀如猛虎」的

風格，應該柔和緩慢，然而在技術上還要有刀的特點，比如「纏頭裹腦」就是刀的技術特點。

總之，練習太極器械，要把器械本身的特點表現出來，同時要和太極拳的風格高度融合。筆者在比賽中看到，有的人打太極刀，虎虎生風，速度很快，變成長拳類的刀術，缺少太極拳的風格，這是不妥的。

❷ **器械演練要與各式太極拳的風格特點相結合**。太極拳流派有各自的特點，42式太極劍融合了陳、楊、吳、孫的特點，有發力動作和平衡動作。陳式太極拳和楊式太極拳的器械比較多，但是都有各自的風格特點。練習楊式太極拳器械就要有楊式的風格，要舒展大方，沉穩飽滿，圓活連貫。練習陳式太極拳的器械就要有陳式的風格，要纏繞折疊，快慢相間，蓄發互變，還有躥蹦跳躍，彈抖發勁。

每一種太極拳流派的器械演練都有各自的特點，我們要注意呈現出它們的特點。比如，吳式太極拳有36劍、92劍等，其器械演練要柔和、輕靈，斜中寓正，保留有拳架的風格特點；孫式太極拳的器械小巧靈活，武式太極拳的器械演練要中正、小巧緊湊。

❸ **演練太極器械要注意時間和布局、節奏和神采**。太極器械演練一般的時間為3～4分鐘，比賽和表演時一定要注意時間的安排。套路布局要飽滿。現在專業運動隊的太極器械套路的編排，非常講究布局。套路的節奏也不是完全平均的，特別是器械，要更注意節奏的變化。還有，演練時身法、眼神也都要注意，也可以配樂練習，這樣更能加強表現力。

❹ **要探索研究太極器械的對練**。目前，太極拳對練的形式還是以徒手為主，器械對練的套路比較少。現在有太極對劍，它和太極拳風格非常吻合。中國廣東省汕頭市太極拳的領軍人物之一——王群英，他創編的太極劍對練便很有創意，深受拳友們的喜愛。

筆者認為還可以進行太極桿、太極刀的對練。隨著時代的發展，太極器械的對練也會持續發展。在太極器械對練時，也要注意到太極拳的特點，要與長拳、南拳器械的對練風格迥然不同。**太極拳器械的對練，要沾黏連隨，化而後發，體現出太極拳的技術特點和風格**。現在，太極拳單練的套路很豐富、很廣泛，應該發展對練套路，使太極器械的鍛煉內容更加豐富多采。

附錄　名家解疑

《中华武术》三十年颁奖盛典
最具武术影响力人物
曾乃梁

曾乃梁
国家体育总局武术研究院
专家委员会专家
编号：020

聘书
曾乃梁
国家体育总局
武术研究院专家委员会
专家
院长：高小军
日期：二〇一四年十一月二十七日
编号：020

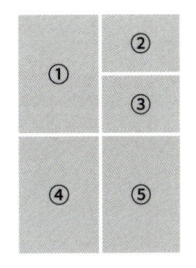

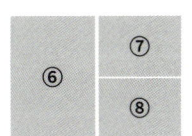

① 1994 年，曾乃梁擔任第 12 屆亞洲運動會中國武術隊主教練。
② 1993 年，曾乃梁（右二）與恩師、武林泰斗張文廣（左三）等武術界人士於首屆東亞運動會上。
③ 2013 年，武林泰斗蔡龍雲向曾乃梁頒發中華武術 30 年「最具武術影響力人物」獎盃。
④ 2013 年，曾乃梁獲中華武術 30 年「最具武術影響力人物」獎盃。
⑤ 2014 年，曾乃梁受聘為國家體育總局武術研究院專家委員會專家。
⑥ 曾乃梁指導愛徒、世界太極拳冠軍高佳敏。
⑦ 曾乃梁與愛徒、世界太極拳冠軍陳思坦示範太極拳對練。
⑧ 曾乃梁指導愛徒、世界女子槍術冠軍魏丹彤。

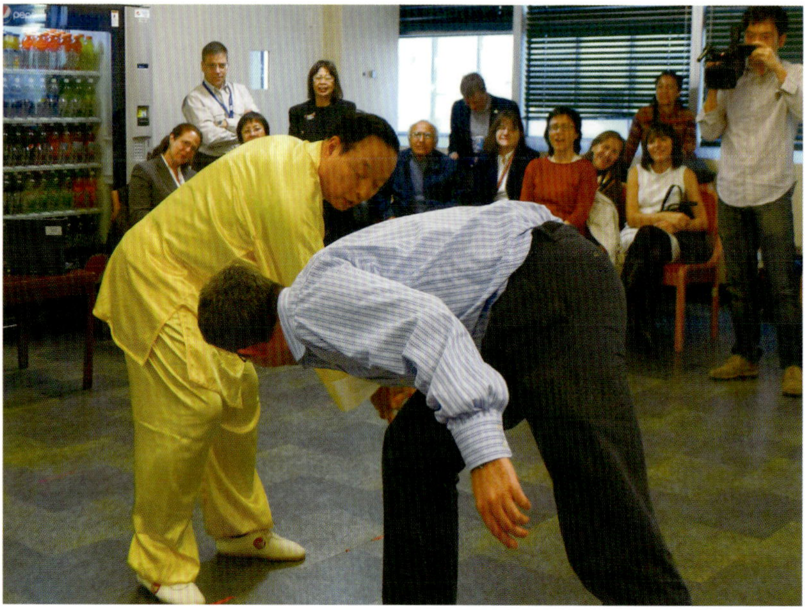

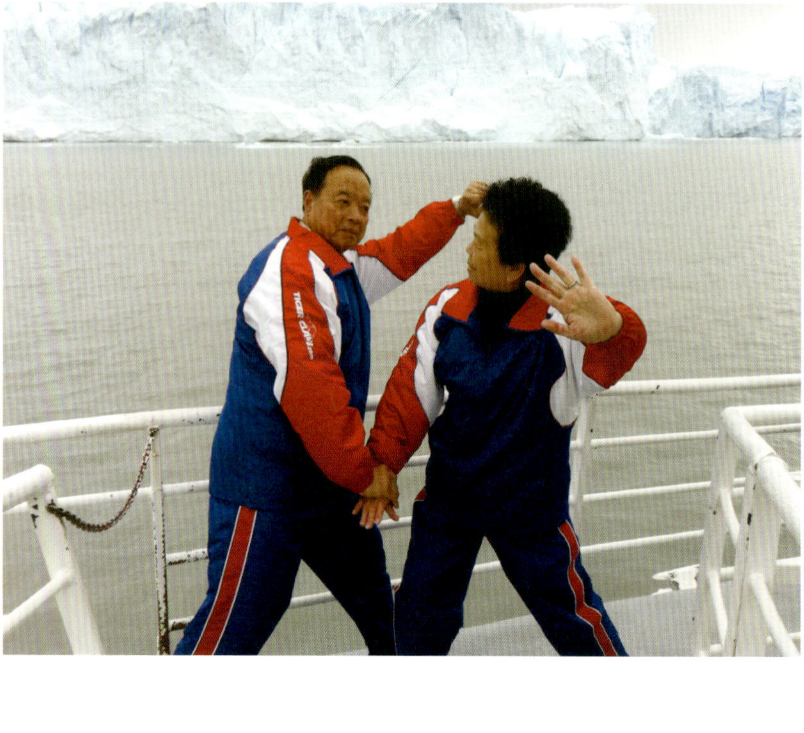

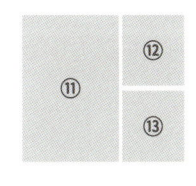

⑨ 2012 年，曾乃梁在聯合國為外交官示範太極拳攻防技擊。
⑩ 曾乃梁夫妻在阿根廷冰川前示範太極拳對練。
⑪ 曾乃梁的長女、中國武術七段曾衛紅演練太極拳。
⑫ 曾乃梁的長女曾衛紅 5 歲習武照。
⑬ 曾乃梁的次女曾衛斌 2 歲習武照。

國家圖書館出版品預行編目資料

太極拳修練訣竅：給初學者的24式太極拳跟練全圖解/曾乃梁,
曾衛紅合著. – 初版. – 臺中市：晨星出版有限公司, 2025.07
　面；　公分. -- (健康與運動；42)

ISBN 978-626-420-138-4(平裝)
1.CST: 太極拳

528.972　　　　　　　　　　　　　　　　　　114007152

健康與運動 42

太極拳修練訣竅
給初學者24式太極拳跟練全圖解

可至線上填回函！

作者	曾乃梁、曾衛紅
主編	莊雅琦
執行編輯	洪　絹
校對	洪　絹、林宛靜
網路編輯	林宛靜
封面設計	王大可
美術編排	吳孟寰

創辦人	陳銘民
發行所	晨星出版有限公司
	407台中市西屯區工業30路1號1樓
	TEL：04-23595820　FAX：04-23550581
	E-mail：service@morningstar.com.tw
	http://star.morningstar.com.tw
	行政院新聞局局版台業字第2500號
法律顧問	陳思成律師
初版	西元2025年07月01日

讀者服務專線	TEL：02-23672044／04-23595819#230
讀者傳真專線	FAX：02-23635741／04-23595493
讀者專用信箱	service@morningstar.com.tw
網路書店	http://www.morningstar.com.tw
郵政劃撥	15060393（知己圖書股份有限公司）
印刷	上好印刷股份有限公司

定價 499 元
ISBN 978-626-420-138-4

本書透過四川文智立心傳媒有限公司代理，經福建科學技術
出版社有限責任公司授權，同意由晨星出版有限公司在港澳
臺地區發行繁體中文紙版書及電子書。非經書面同意，不得
以任何形式任意重製、轉載。

版權所有 翻印必究
（缺頁或破損的書，請寄回更換）